蒋绍愚文集

第六卷

论语研读

（修订本）

蒋绍愚 著

商务印书馆
The Commercial Press
创于1897

图书在版编目(CIP)数据

论语研读 / 蒋绍愚著. —修订本. —北京:商务印书馆,2024

(蒋绍愚文集;第六卷)

ISBN 978 - 7 - 100 - 23259 - 3

Ⅰ. ①论… Ⅱ. ①蒋… Ⅲ. ①《论语》—研究 Ⅳ. ①B222.25

中国国家版本馆 CIP 数据核字(2023)第 239044 号

蒋绍愚文集

(第六卷)

论语研读(修订本)

蒋绍愚 著

商 务 印 书 馆 出 版
(北京王府井大街36号 邮政编码100710)
商 务 印 书 馆 发 行
北京捷迅佳彩印刷有限公司印刷
ISBN 978 - 7 - 100 - 23259 - 3

2024 年 2 月第 1 版 开本 889×1194 1/32
2024 年 2 月北京第 1 次印刷 印张 8⅛
定价:69.00 元

文集自序

感谢商务印书馆给我出版《蒋绍愚文集》。《文集》共七卷,前六卷都是学术专著,第七卷是论文选集。各卷的出版情况和大致内容如下:

第一卷 《古汉语词汇纲要》

此书 1989 年 12 月由北京大学出版社出版。2005 年版权归商务印书馆。2005 年韩国首尔大学李康齐教授译为韩文,由韩国中国书屋出版。2021 年商务印书馆将此书收入"中华当代学术著作辑要"中。

此书是 20 世纪 80 年代我在北京大学中文系给研究生开设的"古汉语词汇"课的基础上写成的,主要用"义素""义位"等概念来分析古汉语词汇的一些问题。

第二卷 《汉语历史词汇学概要》

此书 2015 年 11 月由商务印书馆出版。

"汉语历史词汇学"包括两个方面:一是对汉语历史词汇所做的史的研究,二是对汉语历史词汇的理论研究。此书主要是后一方面,力求站在现代语言学的高度,对汉语历史词汇的有关理论问题进行研究,较多地吸取了现代语义学和认知语言学的研究成果,并力图和汉语历史词汇的实际紧密结合,用于分析和解决汉语历史词汇研究的问题。此书的内容曾在北京大学中文系、香港科技大学人文学院、香港中文大学中文系和浙江大学中文系讲过。

第三卷 《近代汉语研究概要》(修订本)

我写过一本《近代汉语研究概况》,北京大学出版社 1994 年 2 月出版,是对近代汉语语音、语法、词汇研究成果的介绍。后来又写了《近代汉语研究概要》,里面多了一点自己对近代汉语语音、语法、词汇的研究,2005 年 11 月由北京大学出版社出版。2017 年 7 月又由北京大学出版社出版了《近代汉语研究概要》(修订本),根据 2005 年以后的研究进展,对《近代汉语研究概要》做了较大幅度的修订。此书于 2021 年获教育部全国优秀教材二等奖。2019 年,韩国外国语大学的教授崔宰荣、林弥娜把此书的语法部分译为韩文,在韩国 BP Press 出版。2022 年,日本神户外国语大学教授竹越孝着手把此书的语法部分译为日文,尚待出版。

撰写和出版此书的缘由是受命于朱德熙先生,以推进近代汉语的研究。这在此书的"序"中已有交代。

第四卷 《唐诗语言研究》(修订本)

《唐诗语言研究》1990 年 5 月由中州古籍出版社出版。2008 年 8 月由语文出版社出版了增订本,2023 年 3 月由语文出版社出版修订本。

此书的原著是在我给北京大学中文系学生开设的"唐诗语言研究"的基础上写成的,从唐诗的格律、唐诗的词语、唐诗的语法、唐诗的修辞四个方面对唐诗的语言做了全面的介绍。增订本收了我的《唐诗词语小札》和两篇有关唐诗语言的论文。修订本进一步核实了例句,并对原著做了较大幅度的修订。

第五卷 《唐宋诗词的语言艺术》

此书 2022 年 8 月由商务印书馆出版。2022 年 9 月被评为当月的"中国好书"。

此书的内容和《唐诗语言研究》不同。一是把研究的范围扩大到宋诗和唐宋词，二是从阅读和鉴赏的角度来谈唐宋诗词的语言艺术，希望能帮助读者提高唐宋诗词的阅读和鉴赏能力。

第六卷 《论语研读》(修订本)

《论语研读》2018 年 9 月由上海中西书局出版。2021 年又由上海中西书局出版了《论语研读》(修订本)。

此书是在我给北京大学国学研究院为博士生开设的"《论语》研读"课的基础上写成的。主要从语言文字的角度来分析历来对《论语》的各种解读究竟哪一种正确。

第七卷 《汉语词汇语法史论文选》

我在汉语词汇语法史方面的论文，商务印书馆曾给我出版过三个论文集：2000 年 8 月出版的《汉语词汇语法史论文集》，收入 1980—1999 年的论文 22 篇；2012 年 4 月出版的《汉语词汇语法史论文续集》，收入 2000—2010 年的论文 30 篇；2022 年 3 月出版的《汉语词汇语法史论文三集》，收入 2011—2020 年的论文 18 篇。

这次《文集》中的《汉语词汇语法史论文选》，从上述三个论文集中选取了论文 21 篇，加上 2021 年后发表的论文 4 篇，共 25 篇。这是我从 1980 年以来所写的论文的总选集。其中《古汉语词典的编纂和资料的运用》是我参加《汉语大词典》的修订工作后写的。我曾为《古汉语常用字字典》的 1—6 版统稿，又和张万起一起主编了《商务馆学生古汉语词典》和《古汉语常用词词典》，近年来又参加了《汉语大词典》的修订，对古汉语词典编纂的甘苦有些体会。

这个《文集》是我一生的学术总结。在编纂《文集》的过程中，我把这些专著和论文都重新看了一遍，觉得里面有不少地方说得不对。这些地方,在《文集》中都保留原样,不加改动,但用"今按"的方式加以纠正。有重要补充的也用"今按"表示。如果有我自己未能觉察的错误,请专家和读者指出并予以纠正。

蒋绍愚

2023 年 3 月于北京大学

孔子像

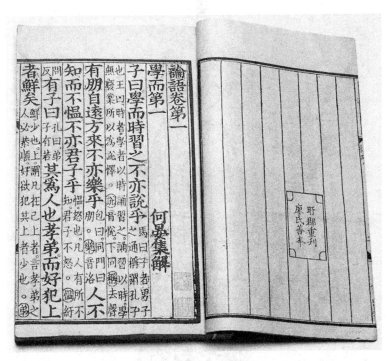

何晏《论语集解》书影

前　　言

《论语研读》是我在 2007 年给北京大学国学研究院的博士生开设的"《论语》研读"课的基础上写成的。

《论语》是中国历史上影响最大的一部书，也是历来被研究得最多的一部书。对《论语》的研究，可以从各个角度进行，正如杨伯峻所说："关于《论语》的书，真是汗牛充栋。"但对《论语》的研究，最根本的，离不开对《论语》文本的解读。历代对《论语》的注释，也可以说是汗牛充栋，《论语》中短短的一句话，可以有好多种不同的解读。要读懂《论语》，首先要弄清楚，这些解读中哪一种符合《论语》的原意。如果对文句的解读不符合《论语》的原意，那么，阐发得再好，也是空中楼阁。

什么是《论语》的原意？这是需要研究、探索的。这离不开对孔子思想以至中国古代思想史的研究和了解。在这方面，我是外行，我没有能力参与对孔子思想的讨论。我的本行是汉语史的研究，只能从语言文字方面对《论语》文句的解读谈一些自己的看法。一个时代有一个时代的语法和词汇，《论语》中有很多句子，如果从语法词汇方面考察，就可以看到，它只能是某个意思，而不可能是其他意思。一个人不可能违反他所处时代的语法、词汇规律来说话。举一个很典型的例子：

10.17　厩焚。子退朝，曰："伤人乎？"不问马。

曾有人要把这个句子这样断句：

> 厩焚。子退朝,曰:"伤人乎不?"问马。(意思是孔子先问人,后问马。)

或者:

> 厩焚。子退朝,曰:"伤人乎?""不。"问马。(意思是孔子先问人,别人回答后,又问马。)

这样断句,是为了显示孔子不但对人仁爱,而且对马仁爱。但这样的断句是不符合当时的语法和表达方法的,孔子不可能这样说话(详见本书第二章)。金代的学者王若虚说得好:

> "或读'不'为'否'而属之上句。意……圣人至仁,必不至贱畜而无所恤也。义理之是非,姑置勿论,且道世之为文者,有如此语法乎? 故凡解经,其论虽高,其于文势语法不顺者,亦未可遽从,况未高乎!"

类似这样为了抬高孔子,而别出心裁来对《论语》的文句加以解释,在历史上并不少见,今天也还有。以这样的解读为基础来研究《论语》,得出的结论当然不会可靠。

王力先生说:"当我们读古书的时候,所应注意的不是古人应该说什么,而是实际上古人说了什么。如果先主观地肯定了古人应该说什么,就会想尽办法把语言了解为表达了那种思想,这有牵强附会的危险;如果先细心地看清了古人实际上说了什么,再来体会他的思想,这个程序就是比较科学的。所得的结论也是比较可靠的。"[①]这是我们阅读古书应当遵循的原则。当然,古书上的一些话,有时不能只从字面上来理解,有的话是说话人"有为言之",是在某种场合针对某人某事而说的,有的话有言外之意,有的话要

---

① 见王力《训诂学上的一些问题》,《中国语文》1962 年第 1 期。

结合说话人的整个思想体系甚或当时整个时代背景才能深入理解，这些都需要作深入的研究。但研究的首要前提是要准确理解这句话的字面意思，如果连字面意思都弄错了，那么，"深入研究"也就无从谈起。

从语言文字方面来讨论对《论语》文句的理解，这是本书的重点。既然如此，在讨论中难免涉及一些语法和词汇的分析。考虑到读者不一定是专攻汉语史的，这方面的分析尽量做到通俗易懂。语法、词汇问题也很复杂，汉语史的专家会有不同的见解。本书只是我个人的一得之见，如果说得不对，欢迎读者和专家指出。

《论语》中解读有分歧的文句很多，本书不可能全部列举、逐条讨论，只能讨论一些常见的、有典型性的文句，希望读者能举一反三，自己去解读其他文句。《论语》中还有一些文句确实很难读懂，对这些文句，本书不拟强为之解，所以未加讨论。

本书分为七章。第一章的重点是讨论为什么叫《论语》，《论语》的"论"字为什么读 lún，以及《论语》编撰和流传的过程。第二章讨论与《论语》的阅读和理解有关的五个方面的问题。第三章从《论语》中有关的章节来讨论孔子当时的一些大事以及孔子的态度。第四章到第七章，是孔子"仁"的思想、政治思想、修身和教育思想、哲学和文艺思想。这样的安排，可以使对《论语》文句的讨论不显得分散和烦琐，而且通过对文句的讨论，读者可以对孔子的思想有一个总体印象。但各章讨论的重点还是相关方面一些理解有分歧的文句。

本书引用《论语》，都标明篇章。《论语》的分章不一，本书都依据杨伯峻《论语译注》的标注，引文和标点也基本上按照《论语译注》，有几处标点不同，都会加以说明。历史上对《论语》有很多注释,仅程树德《论语集释》引用的资料,就有 460 多种。其中最重要的几种,在本书第一章有一简介。本书常引的注释,列在本书《引用书目表》中。凡整段引用,书名用鱼尾号标出(如【论语集解】),以求醒目,后面不用冒号和引号。在叙述时,仍用书名号标出(如《论语集解》),后面用冒号和引号。其他的注释,大多转引自程树德《论语集释》和黄怀信《论语汇校集释》,但都经过核对。注释有的是完整的引用,有的只引用和讨论同问题有关的部分。有的注释脱离了原文就不好理解,则先把原文用方括号引出,再引注释。如 7.10 下引《论语义疏》:[子于是日哭也则不歌]谓孔子吊丧之日也。

本书的一些内容,我曾写成论文《读〈论语〉札记》,发表在《中国语言学》第四辑(2010 年 7 月)上。后来收入我的《汉语词汇语法史论文续集》(2012 年 4 月,商务印书馆)中,题目改为《〈论语〉的阅读和理解》。本书的第二章题目也是"论语的阅读和理解",内容比那篇论文有扩充,对有些问题的看法有改变,当以本书为准。

我在北大国学研究院的课堂讲授,曾由超星制成音像制品供读者网上阅览,读者的反应尚属良好。我很感谢超星所作的传播。当初,中西书局张荣总编早就向我约稿,希望我把讲稿整理成书出版,但我迟迟没有完成,到现在交稿,已是讲授十年之后了。很感谢中西书局愿意出版这本小书。责编郎晶晶对此书作了很细致的审读。在此书出版之际,我要向张荣总编和责编郎晶晶表示衷心的感谢!

蒋绍愚

2017 年 12 月

目　　录

第一章 《论语》的书名、版本和注释

一、《论语》的书名

（一）我们读《论语》这部著作，首先要了解这部书的书名

这部书的书名，在《汉书·艺文志》中有个解释："《论语》者，孔子应答弟子时人及弟子相与言而接闻于夫子之语也。当时弟子各有所记。夫子既卒，门人相与辑而论纂，故谓之《论语》。"

陆德明《经典释文·叙录》的解释和《汉书·艺文志》大致相同："《论语》者，孔子应答弟子及时人所言，或弟子相与言而接闻于夫子之语也。当时弟子各有所记。夫子既终，微言已绝，弟子恐离居已后，各生异见，而圣言永灭，故相与论撰，因辑时贤及古明王之语，合成一法（卢文弨云：'法'疑'袟'之讹），谓之《论语》。"

刘宝楠《论语正义》和杨伯峻《论语译注》均引刘熙《释名·释典艺》对《论语》的解释："论语，记孔子与弟子所语之言。论，伦也，有伦理也。语，叙也，叙己所欲说也。"其实，"论语，记孔子与弟子所语之言"和"论，伦也，有伦理也"是在《释名·释典艺》中不相连续的两条，而"语，叙也，叙己所欲说也"则是在《释名·释言语》中的一条，《释名》对"论"和"语"的解释并非是针对《论语》的书名而言的，《释名》对《论语》的解释只有一句话："论语，记孔子与弟子所

1

语之言。"从这里看不出《释名》对《论语》的"论"是什么解释。

清代学者段玉裁在《说文解字》"论,议也"下注:"'论'以'仑'会意。人部曰:'仑,思也。'龠部曰:'仑,理也。'此非两义。……凡言语循其理、得其宜谓之'论'。故孔门师弟子之言谓之《论语》。皇侃依俗分去声平声异其解,不知古无异义,亦无平去之别也。"

把"论"解释为"有条理",杨伯峻不赞成。杨在《论语译注·导言》中说:"那么,《论语》的意义便是'有条理地叙述自己的话'。说到这里,谁都不免问一句:难道除孔子和他的弟子以外,别人的说话都不是'有条理地叙述'吗?"

确实,杨说有理。《论语》的"论"应该如《汉书·艺文志》所说,是"论纂"义,《论语》是"论纂之语",即"(孔子门人)有条理地编纂起来的(孔子应答弟子时人及弟子相与言而接闻于夫子之)语"。"论"的"有条理"之义,从文字来说是有根据的,确实如段玉裁所说:"'论'以'仑'会意。"或者更准确地说,是"仑、伦、论"同源,都含有"条理"之义。但"论语"不是"有条理之语",而是"有条理地编集之语"。古代常说"论纂""论次""仑会",都是"有条理地编集"之义:

> 《郭店楚简·性自命出》:"诗书礼乐其始皆生于人。……圣人比其类而仑会之,观其先后而顺逆之,体其义而节文之,理其情而出入之,然后夫复以教。"

> 《礼记·祭统》:"铭者,论撰其先祖之有德善、功烈、勋劳、庆赏、声名,列于天下。"

> 《史记·五帝本纪》:"《书》缺有间矣,其轶乃时时见于他说。非好学深思,心知其意,固难为浅见寡闻道也。余并论次,择其言尤雅者,故著为本纪书首。"

《史记·武帝本纪》:"余从巡祭天地诸神名山川而封禅焉。入寿宫侍祠神语,究观方士祠官之言,于是退而论次自古以来用事于鬼神者,具见其表里。"(又见《封禅书》)

《史记·三代世表》:"稽其历谱谍终始五德之传,古文咸不同,乖异。夫子之弗论次其年月,岂虚哉!"

《史记·三王世家》:"(褚先生曰)谨论次其真草诏书,编于左方,令览者自通其意而解说之。"

《史记·儒林列传》:"孔子闵王路废而邪道兴,于是论次诗书,修起礼乐。"

《史记·太史公自序》:"余所谓述故事,整齐其世传,非所谓作也,而君比之《春秋》,谬矣。于是论次其文。"

《汉书·艺文志》:"至于孝成,命任宏论次兵书为四种。"

王逸《楚辞章句·九章》序:"《九章》者,屈原之所作也。屈原放于江南之野,思君念国,忧心罔极,故复作《九章》。章者,著也,明也。言己所陈忠信之道,甚著明也。卒不见纳,委命自沈。楚人惜而哀之,世论其词,以相传焉。"

上述句子中的"论"都是"有条理地编集"之义。

(二)"论"的读音

皇侃《论语义疏·序》中说:《论语》的书名,"先儒后学解释不同。凡通此'论'字,大判有三途:第一舍字制音,呼之为'伦'。一舍音依字,而号曰'论'。一云'伦''论'二称义无异也。"

这是说《论语》的"论"有三种读法:一是不按其常见的字音读,读作"伦";二是按常见的字音读,读作"论";三是有人认为读

"伦"读"论"意义并无区别。读作"伦",其读音是明确的,因为"伦"只有一读(平声)。读作"论"究竟是什么音呢?皇侃说:"此书出自门徒,必先详论,人人金允,然后乃记。记必已论,故曰'论'也。"据此,则"论"应是"议论"之"论",应读去声。(见下《广韵》中"论"的读音。)至于读"伦"读"论"意义并无区别,那是因为"楚夏音殊,南北语异"。

陆德明《经典释文》对《论语》的"论"的读音有说明:

《经典释文》卷三:"**论语** 上如字,又音伦。"("上"是说"论语"的上一个字,即"论"字。)

《经典释文》卷二十四:"**论语** 论如字,纶也,轮也,理也,次也,撰也。答述曰语。撰次孔子答弟子及时人之语也。"

《经典释文》说《论语》的"论"如字,又可读"伦"。"如字"是按照其本音读。那么其本音应该怎样读呢?肯定读得和"伦"不同,否则不会说"如字,又音伦"。

《经典释文》又为《礼记》注"辨其论"的"论"注音。

《礼记·王制》:"大乐正论造士之秀者,以告于王,而升诸司马,曰进士。司马辨论官材(注:辨其论,官其材,观其所长),论进士之贤者以告于王,而定其论。论定然后官之,任官然后爵之,位定然后禄之。"

《经典释文》卷十一:"**其论** 如字,旧力困反。"

"力困反"为去声,和《论语》的"论"读音不同。

《论语》的"论"的本音究竟应该怎样读,还要参看《广韵》。

《广韵》"论"有三个读音:

1.《广韵·谆韵》:"论,有言理(段玉裁改为"言有理")。出字书。力迍切。又卢昆切。"

2.《广韵·魂韵》:"论,说也,议也,思也。卢昆切。又力旬、卢钝二切。"

3.《广韵·恩韵》:"论,议也。卢困切。又虏昆切。"

1、2 都是平声,只是韵不同。3 是去声,大概就是《经典释文》"辨其论"的"论"。从意义看,《论语》的"论"应该和《广韵》音 1 的"言有理"有关,那么,《论语》的"论"应是《广韵》的音 1,读力迍切(谆韵)。

但《广韵》的"伦"也是力迍切:

《广韵·谆韵》:"伦,等也,比也,道也,理也。力迍切。"

既然《经典释文》认为《论语》的"论"本音和"伦"不同音,那么,"论"的如字不应读力迍切(谆韵),而应读卢昆切(魂韵)。大概到《经典释文》时,人们把《论语》的"论"读"卢昆切"(魂韵)的较多,但仍有按"言有理"的意义,把"论"读作"力迍切"的,和"伦"同音(谆韵)。不过,"力迍切"和"卢昆切"都是平声,主要是三等和一等的差别。到现代汉语中,两音已无差别了,但和去声的"论"差别较大。所以,现代汉语中《论语》的"论"应读平声,而不应读去声。

二、《论语》的编撰

(一)《论语》的编撰者应是孔子的弟子和再传弟子

上文已经引过《汉书·艺文志》:"《论语》者,孔子应答弟子时人及弟子相与言而接闻于夫子之语也。当时弟子各有所记。夫子既卒,门人相与辑而论纂,故谓之《论语》。"说"当时弟子各有所记"是确实可靠的。《论语》上就有一条记载:

15.6 子张问行。子曰："言忠信，行笃敬，虽蛮貊之邦，行矣。言不忠信，行不笃敬，虽州里，行乎哉？立则见其参于前也，在舆则见其倚于衡也，夫然后行。"子张书诸绅。

那么编撰者是谁呢？

郑玄《论语序》逸文："仲弓、子游、子夏等撰。"(《经典释文》卷24引)

但柳宗元不信此说。他认为成《论语》之书的是曾参弟子。

柳宗元《论语辩》："或问曰：儒者称《论语》孔子弟子所记，信乎？曰：未然也。孔子弟子，曾参最少，少孔子四十六岁。曾子老而死。是书记曾子之死，则去孔子也远矣。曾子之死，孔子弟子略无存者矣。吾意曾子弟子之为之也。何哉？且是书载弟子必以字，独曾子、有子不然。由是言之，弟子之号之也。然则有子何以称子？曰：孔子之殁也，诸弟子以有子为似夫子，立而师之。其后不能对诸子之问，乃叱避而退，则固尝有师之号矣。今所记独曾子最后死，余是以知之。盖乐正子春、子思之徒与为之尔。或曰：孔子弟子尝杂记其言，然而卒成其书者，曾氏之徒也。"

程颐认为编撰者是曾子和有子的弟子：

《二程语录》："伊川曰：'《论语》，曾子、有子弟子论撰。所以知者，唯曾子、有子不名。'"

《论语》中除了曾子和有子外，还有两处称"冉子"(6.4，13.14)，但均为孔子不满冉有之处，疑有误。还有一处称"闵子"(11.13)，疑脱一"骞"字。

《论语》中对孔子弟子称字还是称名，也能提供一些《论语》编撰的线索。古代称字表尊敬，故《论语》提到孔子弟子都称字，如颜渊、樊迟,子路、子贡等。而尊长对小辈说话则称其名,如孔子称子路为"由",称冉有为"求"。但《论语》有几处违反了这个通例。14.1 的"宪问耻"和 9.7 的"牢曰",是提到孔子弟子时称其名。钱穆《论语新解》云:"《论语》编者,于孔子弟子必称字而不名,然称字亦加'子'字,其有同字者,则配姓以别之……一部《论语》,唯此及《宪问》章单称名,或此两章是此二人所记,故自书名,编者仍其旧而未改。"(见《论语新解》6.9 章)"宪"是原宪(字思)。"牢"或说是琴牢(字张)。因为是他们自称,所以称名。所以这两条可能是原宪和琴牢所记。而在 11.5 中孔子称赞说"孝哉闵子骞",直接称其字,这一章可能是闵损(字子骞)的弟子记录下来的,因为弟子尊师,所以称其字。

不过,情况可能比《论语新解》所说的稍复杂一点。朱熹《论语集注》于第十四章《宪问》下注:"胡氏曰:'此篇疑原宪所记。'"毛奇龄《论语稽求篇》说:"《集注》谓此篇疑原宪所记,以宪字子思,此不称'思问'而称'宪问',自谦故也。但记者例称字,然亦有偶称名者。如篇中'南宫适问孔子',《季氏》篇'陈亢问于伯鱼',《子罕》篇'牢曰子云'类。据《史记》,适字子容,《家语》亢字子禽,牢字子张,则皆称名可验也。又他'宰予昼寝''而求也为之聚敛',皆记者文。"指出《论语》在叙述中有时也称弟子之名,不能说凡称名就是其人所记。这可以和《论语新解》之说参见。

《论语》分前编(前 10 篇,从《学而》到《乡党》)和后编(后 10 篇,从《先进》到《尧曰》)。《论语新解》认为"后论之成晚于前论"(页 502)。《论语译注》说:"《论语》的著笔有先有后,其间相距或者不止于三五十年。"(《导言》,页 29)这些意见都有参考价值。

还有一点值得注意:《论语》每篇都以本篇第一章的头两个字

作篇名，如第一篇"学而"、第二篇"为政"等。但第三篇第一章是"孔子谓季氏曰：八佾舞于庭"，但篇名不称"季氏"而称"八佾"，这是因为第十六篇为《季氏》，第三篇不能与之重复。《论语新解》云："然则《论语》篇名，当定于全书纂成之后。"(页52)

(二)《论语》的书名是什么时候有的

《论衡·正说》："夫《论语》者……汉兴失亡，至武帝发取孔子壁中古文，得二十一篇，齐、鲁二，河间九篇，三十篇。至昭帝女(女，杨宝忠《论衡校笺》谓盖"始"字之残误)读二十一篇。宣帝下太常博士，时尚称书难晓，名之曰'传'，后更隶写以传诵。初，孔子孙孔安国以教鲁人扶卿，官至荆州刺史，始曰《论语》。"

《论衡》说汉代称《论语》为"传"，是有根据的，在汉代，《论语》不但可单称"传"，还可以称为《论》《语》等。刘宝楠《论语正义》为何晏等《论语集解序》作注说：

《论语》亦单称《论》，故有《鲁论》《齐论》及《古论》之名。董仲舒《春秋繁露》、赵岐《孟子章句》凡引《论语》多直称《论》。史游《急就章》"宦学讽诵《孝经》《论》"、《张禹传》"欲为《论》，念张文"是也。亦有单称《语》者，《后汉书·邳彤传》引《语》曰"一言可以兴邦"、《桥玄传》引《语》曰"三军可夺帅，匹夫不可夺志"、《崔骃传》引《语》曰"不患无位，患所以立"是也。又有称《经》者，《汉书·于定国传》引《经》曰"万方有罪，罪在朕躬"是也。又有称《传》者，《汉书·鲁共王传》"得古文经传"，"传"谓《论语》；其他见于史者甚多，《扬雄传赞》"所谓传，莫大于《论语》"是也。又有称《记》者，《后汉书·赵咨传》引《记》曰

"丧与其易也，宁戚"是也。又有称《说》者，《前汉书·郊祀志》引《论语》"《说》曰：子不语怪神"是也。

可见在汉代可以称《论语》为《论》《语》《经》《传》《记》《说》等。但是，说《论语》之名是汉武帝时才有的，则不可信。翟灏《四书考异》认为《论语》名见于《礼记·坊记》："《论语》曰：'三年无改于父之道。可谓孝矣。'"翟灏说："盖自孔氏门人相论纂毕，随题之为《论语》矣。"是否门人论纂毕就题为《论语》并无确证；但说《论语》名见于《礼记·坊记》是对的。《论语译注》认为《坊记》的著作年代不会在汉武帝以后（《导言》，页26）。而赵岐《孟子题辞》："孝文欲广游学之路，《论语》《孝经》《孟子》《尔雅》皆置博士。"据此，则汉文帝时已有《论语》之名。所以，说在汉代初年就有了《论语》之名，应该是站得住的。

三、《论语》的流传和版本

关于《论语》的流传和版本，记载得比较详细的是《汉书·艺文志》和何晏等《论语集解·序》。

《汉书·艺文志》：

> 《论语》古二十一篇。出孔子壁中，两《子张》。（如淳曰：分《尧曰》篇后子张问"何如可以从政"已下为篇，名曰"从政"。）齐二十二篇。多《问王》《知道》。（如淳曰：《问王》《知道》皆篇名也。）鲁二十篇，传十九篇。（师古曰：解释论语意者。）齐说二十九篇。

> 《论语》者，孔子应答弟子时人及弟子相与言而接闻于夫子之语也。当时弟子各有所记。夫子既卒，门人相与辑而论纂，故谓之《论语》。汉兴，有齐、鲁之说。传《齐论》者，昌邑中

尉王吉、少府宋畸、御史大夫贡禹、尚书令五鹿充宗、胶东庸生，唯王阳名家。传《鲁论语》者，常山都尉龚奋、长信少府夏侯胜、丞相韦贤、鲁扶卿、前将军萧望之、安昌侯张禹，皆名家。张氏最后而行于世。（《鲁论语》之"语"字为衍文。）

何晏等《论语集解·序》：

汉中垒校尉刘向言：《鲁论语》二十篇，皆孔子弟子记诸善言也。大子大傅夏侯胜、前将军萧望之、丞相韦贤及子玄成等传之。《齐论语》二十二篇，其二十篇中章句颇多于《鲁论》，琅邪王卿及胶东庸生、昌邑中尉王吉皆以教授。故有《鲁论》，有《齐论》。鲁共王时，尝欲以孔子宅为宫，坏，得《古文论语》①。《齐论》有《问王》《知道》，多于《鲁论》二篇。《古论》亦无此二篇，分《尧曰》下章"子张问"，以为一篇，有两《子张》，凡二十一篇，篇次不与《齐》《鲁论》同。安昌侯张禹本受《鲁论》，兼讲齐说，善者从之，号曰《张侯论》，为世所贵。包氏、周氏《章句》出焉。《古论》唯博士孔安国为之训解，而世不传。至顺帝时，南郡太守马融亦为之训说②。汉末，大司农郑玄就《鲁论》篇章考之《齐》《古》为之注。近故司空陈群、太常王肃、博士周生烈皆为义说。前世传授师说，虽有异同，不为训解。中间为之训解，至于今多矣，所见不同，互有得失。今集诸家之善，记其姓名，有不安者，颇为改易，名曰《论语集解》。光禄

---

① 鲁共王从孔壁得《古文论语》的问题，是经学史上争论的一个大问题，这里不谈。

② 《集解》中有很多"孔曰"，是孔安国的注释。但后代的学者怀疑这是伪作。清代学者陈鳣《论语古训》、沈涛《论语古注辨伪》、丁晏《论语孔注证伪》都有所论证。关于马融"为之训说"，也有很多疑问。这也是经学史的问题，与《论语》的阅读关系不大。

大夫关内侯臣孙邕、光禄大夫臣郑冲、散骑常侍中领军安乡亭侯臣曹羲、侍中臣荀顗、尚书驸马都尉关内侯臣何晏等上。

简单地说，《论语》有《齐论语》和《鲁论语》，篇数不同。《鲁论语》二十篇，《齐论语》二十二篇，多《问王》《知道》两篇。《汉书·艺文志》所说的"传十九篇"是《鲁论语》的注释十九篇；"齐说二十九篇"是《齐论语》的注释二十九篇。何晏等《序》所说的"其二十篇中章句颇多于《鲁论》"，"章句"可能是训释之词（见刘宝楠《论语正义》）。两者各有传授。张禹本受《鲁论》，兼讲齐说，择善而从，号曰《张侯论》。张禹曾为太子授《论语》，成帝时为相，封安昌侯，地位尊高，学者多从之，汉末立《熹平石经》，即用《张侯论》，何晏等《论语集解》亦用《张侯论》。

此外，还有《古文论语》。《汉书·艺文志》有"《论语》古二十一篇"，并说"两《子张》"。即《古论》有两篇《子张》。按：《鲁论》二十篇的第十九篇为《子张》，《古论》有两篇《子张》，就比《鲁论》多了一篇。这新的《子张》是什么内容呢？据何晏等《序》，是从《鲁论》的第二十篇《尧曰》中分出来的。《尧曰》仅有三章，第一章为"尧曰：咨……"，第二章为"子张问于孔子曰……"。第三章为"孔子曰：不知命，……"《序》说《古论》把《尧曰》的第二、三章分出去，另成一章，亦名《子张》。《尧曰》总共不到 600 字，分成两篇，是否可能？这是一个疑问。

关于《古论》和《齐论》《鲁论》字句的异同，只有一些简单的记载：

桓谭《新论》："《古论语》二十一卷，文异者四百余字。"但四百余字有哪些，不得而知。

到汉末，郑玄"就《鲁论》篇章考之《齐》《古》为之注"。但郑玄注没有流传下来。① 陆德明《经典释文·论语音义》"学而·传不"下云:"郑校周之本,以齐古读正,凡五十事。""周之本"即《序》所说的"包氏、周氏《章句》出焉"中的周氏之本,是以张侯论为底本的。刘宝楠《论语正义》谓:"今以郑氏佚注校之,只得二十四事。"朱彝尊《经义考》卷 211 列郑氏注与今文不同者若干处:

> 《鲁论语》《尧曰篇》无"不知命"一章,《齐论语》则有之,盖后儒参入。其字义异读者:"传不习乎"读"传"为"专"。"崔子弑齐君"作"高子"。"未尝无诲"读为"悔"。"五十以学易"读"易"为"亦"。"正唯弟子不能学也"读"正"为"诚"。"君子坦荡荡"读为"汤汤"。"冕衣裳者"读为"絻"。"瓜祭"读"瓜"为"必"。"赐生"读"生"为"牲"。"车中不内顾"无"不"字。"仍旧贯"读"仍"为"仁"。"折狱"读"折"为"制"。"小慧"读"慧"为"惠"。"古之矜也廉"读"廉"为"贬"。"天何言哉"读"天"为"夫"。又读"躁"为"傲","窒"为"室"。

《隋书·经籍志》的一段话,可供参考:

> 汉末,郑玄以《张侯论》为本,参考《齐论》《古论》而为之注。魏司空陈群、太常王肃、博士周生烈,皆为义说。吏部尚书何晏,又为《集解》。是后诸儒多为之注,《齐论》遂亡。《古论》先无师说。梁、陈之时,唯郑玄、何晏立于国学,而郑氏甚微。周、齐,郑学独立。至隋,何、郑并行,郑氏盛于人间。

清代学者曾做过《论语》郑玄注的辑佚,如宋翔凤有《论语郑注》十卷,浮溪精舍本。(见《书目答问》)敦煌文书发现后,研究者整理过其中《论语》郑注的佚文,有日本金谷治《唐抄本郑氏注论语

---

① 《隋书·经籍志》言:"梁有《古文论语》十卷,郑玄注,亡。"

集成》(平凡社,昭和 53 年)、王素《唐写本论语郑氏注及其研究》(文物出版社,1991)、李方校录《敦煌〈论语集解〉校证》(江苏古籍出版社,1998)等著作。

1973 年河北定县八角廊汉墓(墓主为中山怀王刘修)出土《论语》残简,篇幅为今本《论语》的一半。简中只避汉高祖名讳,不避惠、文、武、昭诸帝名讳,可定为汉初的抄本。残简所题的篇章数和字数多和今本不同,文字也多与今本不同。文物出版社于 1997 年出版《定州汉墓竹简〈论语〉》,可以参看。

四、《论语》的注本

在汉代就有人为《论语》作注,除上面所说的郑玄外,孔安国、马融都作过注,但都没有完整地流传下来。今天能见到的最早的注本是何晏等《论语集解》,这是汉魏学者对《论语》注的汇集,包括汉代的包咸、周氏、孔安国、马融、郑玄,以及魏时的陈群、王肃、周生烈等。何晏等编集者也有自己的注。这个本子对后代影响很大,唐代的开成石经《论语》,刻的就是何晏《论语集解》,只是仅刻正文,未刻注文。北宋邢昺的《论语注疏》,底本也是《论语集解》。清代阮元《十三经注疏》用的就是邢昺《论语注疏》,以皇侃《论语义疏》校之。所以,今天看到的《论语》,用的就是何晏《论语集解》的正文。

六朝时梁皇侃《论语义疏》是《论语》又一个重要注本。此书注解详赡,汇集了晋以后各家的《论语》注。《隋书·经籍志》记载了六朝时《论语》注解 26 种,除皇侃《论语义疏》外,均已亡佚,但有不少注解为皇侃采入书中,一些不同的见解也同时列入。皇侃本人也有注释。此书在南宋陈振孙《直斋书录解题》中已不见著录,说明当时已经亡佚。但在日本仍有流传,清代从日本购回,收入《四库全书》。此书也是在何晏《论语集解》基础上作义疏,但其底本的文字与后来的邢疏本有较大差别,所以阮元作《论语校勘记》,多引皇本作校。

唐代贾公彦有《论语疏》,但早已失传。

北宋邢昺《论语注疏》影响也较大。《十三经注疏》用的就是邢昺《论语注疏》。此书也是在何晏《论语集解》基础上作疏,但无论正文还是注解,与皇疏本都有差别。邢昺所作的疏,如《四库全书提要》所言,"大抵翦皇氏之枝蔓而稍傅以义理",在训释上发明不多。

朱熹《论语集注》是一部重要著作。朱熹研治《论语》多年,他自己说:"某于《论》《孟》,四十余年理会,中间逐字称等,不教偏些子。""《论语集注》如称上称来无异,不高些,不低些。"(均见《朱子语类》卷十九)除了自己的见解外,还引述了二程和程门弟子的注释。下面将会看到,《论语集注》有不少不同于汉魏旧注的新见解,这些新见解有的可取,有的不可取,清儒已加以考辨和纠正。《论语集注》和《大学章句》《中庸章句》《孟子集注》合在一起,称《四书章句集注》,后来成了读书人必读的经典,影响很大。

清代是音韵、文字、训诂十分发达的时代,对《论语》的研究也有很多成果,像翟灏《四书考异》、毛奇龄《论语稽求篇》、黄式三《论语后案》都很有价值。王氏父子对《论语》词语的考释也很精当。刘宝楠《论语正义》更是集大成之作,对前人的注解取舍得当,有较高的学术价值。

民国期间程树德《论语集释》汇集了从汉魏以后直到清代、近代诸家对《论语》的注释,引书达 680 余种,不但收罗宏富,而且考辨精审。是书 1943 年出版,1990 年列入中华书局《新编诸子集成》第一辑。

1949 年以后,《论语》的注释影响较大的有如下几种:

《论语疏证》,杨树达,科学出版社,1955 年。

《论语新解》,钱穆,三联书店,1963/2002 年。

《论语译注》,杨伯峻译注,中华书局,1980 年(第 2 版)。

《论语今注》,潘重规,台北里仁书局,2000 年。

《论语汇校集释》,黄怀信主编,上海古籍出版社,2008 年。

《论语本解》,孙钦善,三联书店,2013 年(修订版)。

《论语新注新译》,杨逢彬,北京大学出版社,2016 年。

第二章 《论语》的阅读与理解

《论语》的阅读和理解并不是一件很容易的事，会碰到多方面的问题。下面举例说明，希望能引起注意。

一、版本、校勘

第一章说过，《论语》在成书过程中，有《古论》《齐论》《鲁论》。后来在流传的过程中，又有很多不同的版本。不同版本的文字不同，有的句子解释就不同。例如：

（一）2.8　子夏问孝。子曰："色难。有事，弟子服其劳；有酒食，先生馔，曾是以为孝乎？"

【论语集解】马曰："馔，饮食之也。"

【论语译注】子夏问孝道。孔子道："儿子在父母面前经常有愉悦的容色，是件难事。有事情，年轻人效劳；有酒有肴，年长的人吃喝，难道这竟可认为是孝么？"

【经典释文】**先生馔**　上（卢文弨《考证》改作士）眷反。马云：饮食也。郑作"餕"，音俊，食余曰餕。

《说文解字》："籑，具食也。馔，籑或从巽。"段玉裁注："《论语》：'先生馔。'马云：'饮食也。'郑作'餕'，食余曰餕。按：马注者，《古论》。郑注者，校周之本以齐古，读正凡五十事。其读正者，皆云'鲁读为某，今从古。'此不云'今从古'，则是从《鲁论》作'馂'者。何晏作'馔'，从孔安国、马融之《古论》也。"

作"馂"和作"馔"意思不一样。《论语译注》："《鲁论》作'馂'。馂，食余也。那么这句便当如此读：'有酒，食先生馂'，而如此翻译：'有酒，幼辈吃其剩余。'"

（二）14.27 子曰："君子耻其言而过其行。"

皇本、高丽本、正平本、敦斯 3011 号写本"而"作"之"。

【论语义疏】君子之人，顾言慎行，若空出言而不能行遍，是言过其行也。君子耻之，小人则否。

【论语注疏】此章勉人使言行相副也。君子言行相顾，若言过其行，谓有言而行不副，君子所耻也。

【论语集注】耻者不敢尽之意，过者欲有余之辞。

【论语校勘记】《潜夫论·交际篇》："孔子疾夫言之过其行者。"亦作"之"字。《答问》（愚按：指钱大昕《潜研堂集》中的《答问》）云："邢叔明疏曰：'君子言行相顾，若言过其行，谓有言而行不副，君子所耻也。'则邢本亦当与皇同。今注疏本乃后人依朱文公本校改，非邢氏之旧矣。"

如果作"而"，那么"耻其言"和"过其行"是两件事，中间用"而"连接，"耻"的宾语是"其言"，"过"的宾语是"其行"。照《论语集注》解释，"过其行"是使其行有余，这还勉强能讲通，但说"耻其言"是"不敢尽其言"则说不过去，因为"耻"无法解释为"不敢尽之意"。如果照有的版本作"之"那就很容易讲通："耻"的宾语是"其言之过其行"。

（三）20.1　所重：民、食、丧、祭。宽则得众，信则民任焉，敏则有功，公则说。

汉石经无"信则民任焉"五字，定州简本亦无。

【论语译注】此五字衍文。

今本《论语》在 20.1 下面还有一章：

20.2　子张问于孔子曰："何如斯可以从政矣？"子曰："尊五美，屏四恶，斯可以从政矣。"子张曰："何谓五美？"子曰："君子惠而不费，劳而不怨，欲而不贪，泰而不骄，威而不猛。"子张曰："何谓惠而不费？"子曰："因民之所利而利之，斯不亦惠而不费乎？择可劳而劳之，又谁怨？欲仁而得仁，又焉贪？君子无众寡，无小大，无敢慢，斯不亦泰而不骄乎？君子正其衣冠，尊其瞻视，俨然人望而畏之，斯不亦威而不猛乎？"子张曰："何谓四恶？"子曰："不教而杀谓之虐；不戒视成谓之暴；慢令致期谓之贼；犹之与人也，出纳之吝谓之有司。"

而在"17 阳货"篇中有如下三章：

17.5　公山弗扰以费畔，召，子欲往。子路不说，曰："末之也已，何必公山氏之之也？"子曰："夫召我者，而岂徒哉？如有用我者，吾其为东周乎？"

17.6　子张问仁于孔子。孔子曰："能行五者于天下为仁矣。""请问之。"曰："恭、宽、信、敏、惠。恭则不侮，宽则得众，信则人任焉，敏则有功，惠则足以使人。"

17.7　佛肸召，子欲往。子路曰："昔者由也闻诸夫子曰：'亲于其身为不善者，君子不入也。'佛肸以中牟畔，子之往也，如之何？"子曰："然。有是言也。不曰坚乎，磨而不磷；不曰白乎，涅而不缁。吾岂匏瓜也哉？焉能系而不食？"

显然,17.6章末尾几句和20.1章的"宽则得众,信则民任焉,敏则有功,公则说"大体一致。翟灏《四书考异》认为,17.5和17.7都是叛臣召孔子,而中间的17.6把这两章隔断了。17.6应和20.2在一起,这两章一章说"子张问仁于孔子",一章说"子张问于孔子曰",《论语》全书中,"惟此二章以子答弟子之言加用'孔'字",应是"子张问仁"章错入《阳货》篇中,本应在"20尧曰"篇中。而今本20.1的"宽则得众,信则民任焉,敏则有功,公则说"则为"脱乱不尽之文"。我认为翟灏说有理。如此,则"宽则得众"后面应有"信则人任焉"一句,而定州简和汉石经无此一句,则是脱文。后来的版本补"信则民任焉"一句,倒是恢复了原来面貌,只是把"人"字改为"民"字了。

可见,对《论语》文句的脱或衍尚需慎重考辨。

(四) 12.10 子张问崇德辨惑。子曰:"主忠信,徙义,崇德也。爱之欲其生,恶之欲其死。既欲其生,又欲其死,是惑也。'诚不以富,亦只以异。'"

【论语集注】[在"诚不以富,亦只以异"下注]程子曰:"此错简,当在第十六篇'齐景公有马千驷'之上。"

16.12 齐景公有马千驷,死之日,民无德而称焉。伯夷叔齐饿于首阳之下,民到于今称之。其斯之谓与?

这是说12.10之"诚不以富,亦只以异"两句当在16.12中,作:

> 齐景公有马千驷,死之日,民无德而称焉。伯夷叔齐饿于首阳之下,民到于今称之。"诚不以富,亦只以异。"其斯之谓与?

"诚不以富,亦只以异。"是《诗经·小雅·我行其野》中的诗句,放在 12.10 的末尾,和前文连不上;放到 16.12 的这个位置上,就使得"其斯之谓与"有了着落,在文意上是合适的。

(五) 7.17　子曰:"加我数年,五十以学《易》,可以无大过矣。"

【论语集解】《易》穷理尽性,以至于命。年五十而知天命,以知命之年读知命之书,故可以无大过矣。

【论语义疏】此孔子重《易》,故欲令学者加功于此书也。定州简本"易"作"亦"。

【经典释文】鲁读"易"为"亦",今从古。

若从《鲁论》,则此章作"加我数年,五十以学,亦可以无大过矣"。两个版本的意思很不一样。

但孔子说自己"五十以学",显然是太晚了。和 2.4"吾十有五而志于学"矛盾。再参看《史记·孔子世家》:"假我数年,若是,我于《易》则彬彬矣。"应该说作"易"是对的。

(六) 5.26　颜渊季路侍。子曰:"盍各言尔志?"子路曰:"愿车马衣轻裘与朋友共敝之而无憾。"颜渊曰:"愿无伐善,无施劳。"子路曰:"愿闻子之志。"子曰:"老者安之,朋友信之,少者怀之。"

这一章的"老者安之"三句到下面再讨论,这里讨论"愿车马衣轻裘"。

【论语义疏】敝,败也。憾,恨也。子路性决,言朋友有通财,车马衣裘共乘服而无所憾恨也。一家通云:而无憾者,言愿我既乘服朋友衣马而不惭憾也。故殷仲堪曰:"施而不恨,士之近行也。若乃用人之财，不觉非已，推诚暗往，感思不生，斯乃交友之至。仲由之志与也。"

【论语注疏】子路曰"愿车马衣轻裘与朋友共敝之而无憾"者，憾，恨也。衣裘以轻者为美。言愿以己之车马衣裘与朋友共乘服而被敝之而无恨也。此重义轻财之志也。

【论语集注】衣，去声。衣，服之也。

【论语校勘记】唐石经"轻"字旁注。案石经初刻本无"轻"字。"车马衣裘"见《管子·小匡》及《外传·齐语》，是子路本用成语，因《雍也篇》"衣轻裘"误加"轻"字，甚误。钱大昕《金石文跋尾》云：石经无"轻"字，宋人误加。考《北齐书·唐邕传》，显祖尝解服青鼠皮裘赐邕，云："朕意在车马衣裘与卿共敝。"盖用子路故事，是古本无"轻"字，一证也。《释文》于"赤之适齐"节音"衣"为于既反，而此"衣"字无音，是陆本无"轻"字，二证也。邢《疏》云："愿以己之车马衣裘与朋友共乘服。"是邢本亦无"轻"字，三证也。皇《疏》云："车马衣裘共乘服而无所憾恨也。"是皇本亦无"轻"字，四证也。今《注疏》与皇本正文有"轻"字，则后人依通行本增入，非其旧矣。

究竟是"愿车马衣轻裘"，还是"愿车马衣裘"？"轻"字该不该有？《校勘记》的"四证"说得很清楚。"衣轻裘"的"轻"字是因《论语·雍也》"赤之适齐也，乘肥马，衣轻裘"(6.3)而误衍的。从文意看，"愿车马衣轻裘与朋友共敝之而无憾"讲不通，"车马"是名词词组，"衣轻裘"是动宾词组，两者不能放在一起跟在"愿"的后面，"车马"可以"与朋友共敝之"，"衣轻裘"不能"与朋友共敝之"。去掉衍文"轻"字，句子就顺了。

二、分章

《论语》有几章的分合有不同的处理。究竟应分还是应合，要根据两章的内容来决定。

（一）7.9　子食于有丧者之侧，未尝饱也。

7.10　子于是日哭，则不歌。

这两章，何晏《论语集解》分为两章，分别作注。《经典释文》云："旧以为别章，今宜合前章。"但皇侃《论语义疏》已合为一章，朱熹《论语集注》也合为一章。钱穆《论语新解》云："或分此为两章，朱注合为一章，今从之。"潘重规《论语今注》合为一章。杨伯峻《论语译注》分为两章。上面的 7.9 和 7.10 即为《论语译注》的标记。

【论语义疏】[子食于有丧者之侧，未尝饱也]谓孔子助葬时也，为应执事，故必食也。必有哀色，故不饱也。……[子于是日也，哭则不歌]谓孔子吊丧之日也。吊丧必哭，哭歌不可同日，故是于吊哭之日不歌也。故范宁曰："是日，即吊赴之日也。礼，歌哭不同日也。故哭则不歌也。"

【论语集注】于"未尝饱也"下注："临丧哀，不能甘也。"于"不歌"下注："哭，谓吊哭。日之内，余哀未忘，自不能歌也。谢氏曰：'学者于此二者，可见圣人情性之正也。能识圣人之情性，然后可以学道。'"

从文意看，7.10 的"是日"所指不明确。但如果两章合为一章，则"是日"似乎就是指"食于有丧者之侧"那一天了。而据皇侃《论语义疏》，"食于有丧者之侧"是指"孔子助葬时也"，而"子于是日哭则不歌"的"是日",是指"吊丧之日",两者并非同一日。朱熹《论语集注》引谢氏也说"此二者",可见"是日"并非"食于有丧者之侧"那一天。《礼记·曲礼上》也说:"邻有丧,舂不相。里有殡,不巷歌。适墓不歌。哭日不歌。"正义:"哭日不歌者,哭日谓吊人日也。哭歌不可共日也。"可见"是日"并非指"食于有丧者之侧"那一天,两章不必合在一起,是应该分开的。

(二) 11.2 子曰:"从我于陈、蔡者,皆不及门也。"

11.3 德行:颜渊,闵子骞,冉伯牛,仲弓。言语:宰我,子贡。政事:冉有,季路。文学:子游,子夏。

这两段《论语集解》分为两章,在"不及门也"下有注:"郑云:'言弟子从我而厄于陈蔡者,皆不及仕进之门而失其所。'"在第二段下无注。

《论语义疏》分为两章,分别作注:

【论语义疏】在"皆不及门者也"下注:"孔子言时世乱离,非唯我道不行,只我门徒虽从我在陈、蔡者,亦失于时,不复及仕进之门也。"

【论语义疏】在"仲弓"下注:"此章初无'子曰'者,是记者所书,并从孔子印可而录在《论》之中也。"

【经典释文】在"德行"下注:"郑云以合前章,皇别为一章。"卢文弨《考证》云:"'郑云'当作'郑氏'。"

【论语集注】合为一章,注云:"孔子尝厄于陈蔡之间,弟子多从之者,此时皆不在门。故孔子思之,盖不忘其相从于患难之中也。……程子曰:'四科乃从夫子于陈蔡者尔,门人之贤者固不止此。'"

这两章的分合,关系到内容的理解。即:下面所说的弟子,是否都是当年跟着孔子厄于陈蔡的?

【论语集释】云:"此章自《论语集注》解'及门'为及孔氏之门,且合下'德行'为一章,后人多左袒其说。余对此有数疑焉。"

程树德举出四点,其中说道:《史记·仲尼弟子列传》说从于陈蔡者有子张,为何不列?孔子厄于陈蔡在鲁哀公四年,冉有在鲁哀公三年为季康子所召,不可能在陈蔡。哀公四年时孔子年六十一,子游年十六,子夏年十七,尚在童稚之年。

【论语新解】合为一章,云:"或以此下另为一章,则从我于陈蔡两句,全无意义可说,今不从。"

【论语译注】赞同《论语集释》,分为两章。但"不及门"则取朱熹之说,译为"不在我这里了"。

【论语今注】合为一章,但说:"自'德行'以下,皆非孔子语。因孔子在陈、蔡之时,冉有在鲁国为季氏之臣,未必随行。子张随行,却未道及。且子游小孔子四十五岁,子夏小孔子四十四岁,鲁哀公四年,孔子六十一岁,子游、子夏才十六、七岁,他们如此年轻,亦未必跟随孔子,周游列国。又依《论语》全书观察,孔子对于弟子,称名而不称字,此处数人皆称其字,实与《论语》体例不合。由此可知'德行'以下云云,当是孔子后来对他们的评论,弟子附记于此。"

本章的"不及门"也有不同的解释,《论语集解》《论语义疏》谓不及仕进之门,《论语集注》谓不在门,指不在孔子之门。愚按:"不及门"指"不及仕进之门",先秦经典中无此用法,只有郑玄在《诗经·大雅·桑柔》"民有肃心,荓云不逮"的笺中说:"王为政,民有进于善道之心，当任用之，反却退之，使不及门。"而这个"不及门"还是"不至门"之义，只因为前面有"王为政"，故"不及门"意为"不及王之门"，可表示"不仕进"。而在《论语》此句中，解释为"不及仕进之门"很勉强。故以朱熹说为长。

但不论哪一种解释，都有《论语集释》所说的问题：下面所说的十人，有的不厄于陈蔡。所以，这两章内容并无关联，应该分开。

（三）14.37 子曰："贤者辟世，其次辟地，其次辟色，其次辟言。"子曰："作者七人矣。"

【论语集解】包曰："作，为也。为之者凡七人，谓长沮、桀溺、丈人、石门、荷蒉、仪封人、接舆也。"

【论语义疏】[子曰：作者七人矣]引孔子言，证能避世以下，自古以来作此行者唯七人而已矣。

【论语笔解】韩曰："包氏以上文连此七人，失其旨。吾谓别段，非为上文避世事也。下文'子曰'，别起义端作七人，非以隐避为作者明矣。避世本无为，作者本有为，显非一义。"

【论语集注】李氏曰："作，起也。言起而隐去者今七人矣。"

【论语新解】分为两章，但说："然仍当连上章为说。"

【论语译注】合为一章。

韩说非是。如果"子曰：作者七人矣"单作一章，此章不知所云。而两章合为一章，则"作者"必定指上文所说的隐士。韩说："避世本无为，作者本有为。"故"作者"非隐士。但"作者"不一定是"有为者"，"作"可以如包氏所说，训"为"，指为避世、避色、避言之事的人；也可以如李氏所说，训"起"，指起而隐去。以"作者"指隐士并不矛盾。故此处应合为一章。

三、句读

读古书,句读很重要。《礼记·学记》:"古之教者,家有塾,党有庠,术有序,国有学。比年入学,中年考校。一年视离经辨志,三年视敬业乐群,五年视博习亲师,七年视论学取友。谓之小成。""离经"就是把句子点断,这被看作一项基本功,点对了就说明读懂了,点错了就说明没有读懂。但有些句子该怎么点,还颇费斟酌,这在《论语》中也有。历来也有不少学者对《论语》的一些句子作出不同的句读,这需要认真讨论。

(一)有些句读显然是不正确的

10.17 厩焚。子退朝,曰:"伤人乎?"不问马。

【经典释文】曰伤人乎 绝句。一读至"不"绝句。

如果按照"一读",句子就要标点为:

厩焚。子退朝,曰:"伤人乎不?"问马。

据《资暇录》记载,韩愈也赞同这种读法。但《资暇录》的作者李匡义表示不同意:

《资暇录》:"今亦谓韩文公读'不'为'否',云圣人岂仁于人,不仁于马?故贵人,所以先问;贱畜,所以后问。然'乎'字下岂更有助词?斯亦曲矣。"

金代的王若虚也表示不同意。

【论语辨惑】或读"不"为"否"而属之上句。意……圣人至仁,必不贱畜而无所恤也。义理之是非,姑置勿论,且道世之为文者,有如此语法乎? 故凡解经,其论虽高,其于文势语法不顺者,亦未可遽从,况未高乎!

王若虚的话很对。从古到今,在解读《论语》时,有不少读法都是为了维护孔子"圣人"的地位而故作高论,但这些高论于"文势语法"是不顺的。对这些高论我们不能信从。

从语法来说,李匡义和王若虚的意见是对的。古代汉语没有"××乎不(否)"这样的结构,只有"××否乎",如:

《孟子·公孙丑上》:"如此,则动心否乎?"

《孟子·公孙丑下》:"今病小愈,趋造于朝,我不识能至否乎。"

《孟子·公孙丑下》:"孟子之平陆,谓其大夫曰:'子之持戟之士,一日而三失伍,则去之否乎?'"

可见,"伤人乎不? 问马"这样的标点是不对的。

但《资暇录》又说:

按陆氏《释文》已云:一读至"不"字句绝,则知以"不"为"否",其来尚矣。诚以"不"为"否",则宜至"乎"字句绝,"不"字自为一句。何者? 夫子问:"伤人乎?"乃对曰:"否。"既不伤人,然后问马。又别为一读,岂不愈于陆云乎? (愚按:"陆氏"指陆德明。)

也就是说,《资暇录》认为可标点为:

厩焚。子退朝,曰:"伤人乎?""不。"问马。

即把"不"作为对孔子的回答。

这样的标点是否可以? 如果照现代的表述法,单用一个"不"字成句表示否定,应该是可以的。但在古代不行。

在《论语》中,两人对话只记录其言辞,而不标明说话人,是可以的。《论语·季氏》有一段记载孔子和他儿子的对话：

16.13 **尝独立，鲤趋而过庭。曰："学《诗》乎？"对曰："未也。""不学《诗》，无以言。"**（愚按：本章"诗"加书名号，与《论语译注》不同。）

在"未也"后面就紧接着"不学《诗》，无以言"，中间就没有标明"不学《诗》，无以言"是谁说的话。

那么，"厩焚"一段如果以"不"独立成句，为什么不可以？

仔细比较"尝独立"和《资暇录》所设想的"厩焚"两句，会看到两点不同：1. 前者答话是"未也"，后者答话是"不"。按照古代的语言表达，说一件事没有发生，应该说"未也"，而不是说"不"或"否"。就是在现代汉语中，对于"伤人了没有"的回答，也应该是"没有"，而不会是"不"。2. 前者在答话前有"对曰"，后者没有。为什么要有"对曰"？这是古代的规矩，回答尊长的问题必须说"对曰"。孔子退朝时回答孔子问题的人，不是仆役就是家人，答话必须有"对曰"。

可见，判断《论语》中一句话的句读通不通，不能凭后代的语感，要回到《论语》的时代去，根据当时的词汇、语法和语言习惯加以考察。

7.14 **子在齐闻《韶》，三月不知肉味。曰："不图为乐之至于斯也。"**

【经读考异】"闻《韶》三月"当作一句。《史记·孔子世家》："闻《韶》音，学之三月。"详玩此文，正以"闻《韶》"属"三月"为义。

如果照这种说法，句子就应标点为：

子在齐闻《韶》三月，不知肉味。曰："不图为乐之至于斯也。"

究竟哪一种对？

确实，《史记》所说的"闻《韶》音，学之三月"中，"学之三月"是合乎语法的。但"闻《韶》三月"却不合语法。因为"学"是持续动词，所以后面可以跟时间词，表示"学"这个动作持续的时间。但"闻"和"学"不一样。"闻"不同于"听"，"听"是过程，"闻"是听的结果，相当于现代汉语的"听到"，所以，可以说"视而不见，听而不闻"。"听"也是持续动词，而"闻"是瞬间动词，动作是瞬间完成的，所以后面不能跟时间词，不能说"闻一日""闻三月"，当然也不能说"闻《韶》三月"。在先秦典籍中，只有"学"后面跟时间词的例子，如：

《吕氏春秋·博志》："尹儒学御三年而不得焉，苦痛之，夜梦受秋驾于其师。"

《国语·晋语四》："文公学读书于白季，三日，曰：'吾不能行也咫，闻则多矣。'"

没有"闻"后面跟时间词的例子，只有说"闻"以后过了多少时间的例句。如：

《庄子·寓言》："颜成子游谓东郭子綦曰：'自吾闻子之言，一年而野，二年而从，三年而通，四年而物，五年而来，六年而鬼入，七年而天成，八年而不知死，不知生，九年而大妙。'"

《吕氏春秋·遇和》："文王嗜昌蒲菹，孔子闻而服之，缩频而食之，三年，然后胜之。"

所以，"闻《韶》三月"的说法是不能成立的。

3.9 子曰:"夏礼,吾能言之,杞不足征也;殷礼,吾能言之,宋不足征也。文献不足故也。足,则吾能征之矣。"

宋王楙《野客丛书》卷三:"《礼记·礼运》:'孔子曰:"我欲观夏道,是故之杞,而不足征也,吾得夏时焉。我欲观殷道,是故之宋,而不足征也,吾得乾坤焉。"'读此,知《论语》'夏礼吾能言之,杞不足征也。殷礼吾能言之,宋不足征也',盖于'之'字上点句。"

照他的意见,这个句子应标点如下:

子曰:"夏礼吾能言,之杞,不足征也。殷礼吾能言,之宋,不足征也。文献不足故也。足,则吾能征之矣。"

这个意见是不对的。"夏礼,吾能言之"是一个受事话题句,按照先秦的语法规则,受事移到句首作话题,在它原有的位置上必须有一个代词"之"复指(但否定句不用"之"复指)。所以"夏礼吾能言""殷礼吾能言"这样的说法,在先秦是不可能出现的。这个语法规则,到东汉时开始松动,到现代汉语中,就只能说"夏礼我能说",而不能说"夏礼我能说它"了。这是一个历史演变的过程。王楙是宋代人,他那时候"夏礼吾能言"是能说的,他就以他的今来律古,认为这样的句子在《论语》中也能成立。而"之"在古汉语中除了做代词还可以是动词,是"到……去"的意思,把3.9的"之"从前一句的句尾去掉,移到后一句的句首,恰好成了"之杞"和"之宋",而且和《礼记·礼运》的文字对上,这是一个有趣的巧合,但不能以此作为改动《论语》标点的论据。

(二)有的句读问题牵涉到古代的礼制

3.7 子曰:"君子无所争,必也射乎!揖让而升,下而饮。

其争也君子。"

这是《论语译注》的标点。这一章,在"揖让而升下而饮"处,各种注本的断句有所不同。

古书是没有标点的。但在加注的地方,一定是断句处。下面把一些注本的正文和注解一起引用,正文加粗,句末用句号;注释不加粗,注释中的标点是本书所加。

【论语集解】**子曰君子无所争必也射乎。**孔曰:"言于射而后有争。"**揖让而升下而饮。**王曰:"射于堂,升及下皆揖让而相饮。"**其争也君子。**马曰:"多算饮少算,君子之所争。"

【论语义疏】**揖让而升下。**射仪之礼:初,主人揖宾而进,交让而升堂。及射竟,胜负已决,下堂犹揖让不忘礼,故云"揖让而升下"也。**而饮。**而饮者,谓射不如者而饮,罚爵也。

【论语集注】**子曰君子无所争必也射乎揖让而升下而饮其争也君子。**揖让而升者,大射之礼,耦进三揖而后升堂也。下而饮,谓射毕揖降,以俟众耦皆降,胜者乃揖不胜者升,取觯立饮也。

在"揖让而升下而饮"处,《论语集解》如何断句看不出来;《论语义疏》断作"揖让而升下,而饮";《论语集注》根据其注释可知,断作"揖让而升,下而饮"。

今人的几种注释,断句和标点不同:

【论语新解】作:"揖让而升下,而饮。"并注释说:"大射礼行于堂上,以二人为一耦,由阶升堂,必先相互举手揖让,表示向对方之敬意。较射毕,互揖下堂。""众耦相比皆毕,群胜者各揖不胜者,再登堂,取酒,相对立饮,礼毕。云揖让而升下者,凡升与下皆必揖让。而饮,礼之最后也。下字当连上升字读,不与而饮字连。"

【论语今注】作"揖让而升,下而饮。"注释说:"古礼,在比赛射箭时,先须互相作揖谦让,然后走到堂上去射,故曰'揖让而升'。射箭完毕,走下堂来,又须互相作揖谦让,然后饮酒,故曰'下而饮'。"但断句和注释有矛盾:既然断为"下而饮",那么"揖让"就管不着"下",注释中所说的"射箭完毕走下堂来,又须互相作揖谦让",就没有根据了。

《论语新解》的注释是有根据的。首先,在《论语集解》中所引的王肃注已经说了:"王曰:'射于堂,升及下皆揖让而相饮。'"其次,可以看一看《礼记·射义》,那里完整地引了《论语》的这一章:

《礼记·射义》:"孔子曰:'君子无所争。必也射乎!揖让而升下,而饮。其争也君子。'"《释文》:"争,'争斗'之争。'揖让而升下'绝句,'而饮'一句。"

郝懿行《郑氏礼记笺》引《礼记·射义》此章郑笺云:"下,降也。饮射爵者亦揖让而升降,"并加按语云:"郑读:'揖让而升下'五字为句,与朱子《论语注》异。"

朱彬《礼记训纂》注:"必也射乎,言君子至于射则有争也。下,降也。饮射爵者,亦揖让而升降。胜者袒、决、遂,执张弓,不胜者袭,说决拾,却左手,右加弛弓于其上而升饮。君子耻之,是以射则争中。"

朱彬的注说明在大射礼时,升堂及降堂都是揖让的。所以,《论语新解》的注释是有根据的,其标点是正确的。

【论语正义】对于"揖让而升下而饮"的断句持两可之说。云:"《释文》云:'郑读揖让而升下绝句。'然笺《诗宾筵》,又云'下而饮',此郑两读义皆通。"他注意到了郑读在"升下"后绝句,但又说郑玄在《毛诗》郑笺中说"下而饮",认为两读皆可。

愚按:《诗经·小雅·宾之初筵》:"发彼有的,以祈尔爵。"郑笺:"射之礼胜者饮不胜,所以养病也。故论语曰下而饮,其争也君子。"这是引《论语》来解释《诗》的,古人引文有时不一定很完整,未必能以此为据。而在为《礼记·射义》作笺时,他是针对这一章作的注释,所以应该据此以"揖让而升下"五字为句。

所以,《论语新解》的标点是正确的。《论语今注》和《论语译注》的标点不妥。

(三) 有些句读,改了以后句子也能说通,但改变了句读会改变句子的原意

2.20 季康子问:"使民敬、忠以劝,如之何?"子曰:"临之以庄,则敬;孝慈,则忠;举善而教不能,则劝。"

钱大昕《廿二史考异·三国志下》:"魏晋人引《论语》多以'教'字断句。……考应劭《风俗通》载汝南太守欧阳歙下教云:'盖举善以教,则不能者劝。'则汉时经师句读已然矣。"

李赓芸《炳烛编》卷一:"古读以'举善而教'为句,《风俗通》:'汝南太守欧阳歙下教云:盖举善以教,则不能者劝。'《后汉书·卓茂传》:'举善而教,口无恶言。'《三国志·徐邈传》云:'举善而教,仲尼所美。'《顾劭传》:'举善以教,风化大行。'《陆绩传》裴松之注云:'臣闻唐、虞之政,举善而教。'"

可见不仅是欧阳歙,汉魏时期很多文章都是以"教"字断句。如果这样断句,就成了如下句子:

季康子问:"使民敬忠以劝如之何?"子曰:"临之以庄则敬,孝慈则忠,举善而教,不能则劝。"

这个句子,单独看"举善而教"和"不能则劝",都是合语法的,意思也说得通:"举用善人进行教化,不能之人就受到劝勉。"但从整章来看,季康子问的是如何使民敬、忠和劝,孔子回答的也是怎样做民就能敬、忠和劝,意思是"举善而教不能,则民劝"。而这样断句以后,句子的意思就成了"(在上者)举善而教,不能(之人)则劝",和季康子的问话对不上。上面举的"举善而教"的句读,确实说明汉魏时有不少人对《论语》是这样理解,但并不说明《论语》应当这样断句。

四、词语的理解

古汉语很多词是一词多义的,在一个句子中,某个词是什么意义,往往要根据上下文来确定。但《论语》很多句子很简短,人们读的时候,对同一个词在句中的意义可以有不同理解,这样,这个句子的意义也就会有不同理解。这时,要正确解读《论语》,就要从多方面考虑,确定这个词在这个句子里究竟是什么意思。下面举一些例子。

(一) 2.16 子曰:"攻乎异端,斯害也已。"

【论语集解】攻,治也。善道有统,故殊途而同归。异端,不同归者也。

【论语义疏】此章禁人杂学诸子百家之书也。攻,治也。古人谓学为治,故书史载人专经学问者,皆云治其书、治其经也。异端,谓杂书也。言人若不学六籍正典,而杂学于诸子百家,此则为害之深,故云:"攻乎异端,斯害也已矣。""斯害也已矣"者，为害之深也。

【论语注疏】言人若不学正经善道，而治乎异端之书，斯则为害之深也。

【论语集注】范氏曰："攻，专治也。故治木石金玉之工曰攻。异端，非圣人之道，而别为一端，如杨墨是也，其率天下至于无父无君，专治而欲精之，为害甚矣。"

孙奕《示儿编》卷四："'攻'如攻人之恶之攻，'已'如末之也已之已，已，止也。谓攻其异端，使吾道明，则异端之害人者自止，如孟子距杨墨，则欲杨墨之害止，韩子辟佛老，则欲佛老之害止者也。"

蔡节《论语集说》："攻者，攻击之攻。……君子在明吾道而已矣，吾道既明，则异端自熄。不此之务而徒与之角，斯为吾害也已。"

【论语补疏】《韩诗外传》云："别殊类，使不相害，序异端，使不相悖。"盖异端者，各为一端，彼此互异。惟执持不能通则悖，悖则害矣。有以攻治之，即所谓序异端也。斯害也已，所谓使不相悖也。……彼此切磋攻错，使紊乱而害于道者悉归于义，故为"序"。……已，止也，不相悖，故害止也。

本章从《论语集解》到《论语集注》，都认为"攻"是"攻治"，整句的意思是：攻治异端之书，为害甚矣；"也已"没有解释，大概认为是语气词。但后来有人对"攻"和"已"有不同的解释，认为"攻"是"攻击"义，"已"是"止"的意思。这样，这个句子就出现了4种不同的理解：

（1）攻治异端，这就有害了。见《论语集解》《论语义疏》《论语注疏》《论语集注》。

（2）攻击异端，其害则止。见《示儿编》。

（3）攻击异端，这就有害了。见《论语集说》。

（4）攻治异端，其害则止。见《论语补疏》。

究竟哪一种正确？或者都不正确，应求别解？这就需要从词汇、语法方面对这句话作深入的分析。

◆ 1. 首先看"攻"的解释

从词义来说，"攻"解释为"治"为"击"都是可以的，这是"攻"在先秦时的两个常用意义。怎样判断这句中的"攻"是"治"还是"击"呢？

> 【论语集释】此章众说纷纭，莫衷一是，此当以本经用语决之。《论语》中凡用"攻"字均作"攻伐"解……不应此处独训为"治"。

> 【论语译注】《论语》共用四次"攻"字，像《先进篇》的"小子鸣鼓而攻之"、《颜渊篇》的"攻其恶，无攻人之恶"的三个"攻"字都当"攻击"解，这里也不应例外。

这种意见看似很有道理，是以本书证本书，其实是不对的。为什么在《论语》中每个字都只能在同样的意义上使用呢？为什么在《论语》中"攻"出现三次都是"攻击"义，第四次出现就只能也是"攻击"义呢？

我们可以看另一个例子。在《论语》中"抑"共出现 5 次，其中 4 例的"抑"均为转折连词，义为"却是，但是"。还有一例是："求之与？抑与之与？"我们能不能说，"求之与？抑与之与"中的"抑"也只能是转折连词呢？显然是不行的。《论语译注》所附的《论语词典》说，《论语》中的"抑"有 4 次是转折连词，1 次是选择连词。既然如此，为什么《论语》中的"攻"就不能是 3 次为"攻击"义，1 次为

"攻治"义呢？所以,这种"本经用语无例外"论是与事实不符的,不能以此为根据来断定"攻"的意义。"攻乎异端"的"攻"究竟是"攻治"义还是"攻击"义,要从整句来判断。

◆ 2. 再看"也已"的解释

孤立地看,把"也已"看作一个语气词,和把"已"训为"止",都是可以的,都可以从先秦文献中找到不少例证。但仅仅停留在这一步还不够,还要对整个小句作分析。

本章的"也已"是用在句末的。据我的调查,在先秦 30 部典籍中,在句末出现的 65 个"也已",几乎全都是语气词。只有一个例外,《论语·阳货》:"公山弗扰以费畔,召,子欲往。子路不说,曰:'末之也已,何必公山氏之之也?'"《论语集解》:"无可之则止耳。"把"已"看作动词"止"。武亿《读经考异》作两句读,"当以'也'字为句,'已'为'止',又一读。"杨伯峻《论语译注》取其说。但朱熹《论语集注》说:"末,无。言道既不行,无所往矣,何必公山氏之往乎?"还是把"也已"看作语气词。此句当存疑。所以,本章的"也已"很可能是句末语气词。

这个统计数据说明在先秦时期人们普遍把"也已"用作语气词,其参考价值比仅依据《论语》一书所作的统计要大得多。但既然还有一例有可能把"已"用作动词"止",那么就不能排除这样的可能——"其害也已"的"已"也可能是这种少数的例外。所以,我们还要反过来看,这句中"也已"的"已"是否可以读为"止"?

如果把"已"读为"止",还有一个字没有着落:"也"字起什么作用? 这一点,以前的学者没有提到,但是,这对问题的解决却十分关键。

"也"用在句中,是表示停顿的。这样的"也"在上古汉语中不

少,在《论语》中也有,如:

《论语·公冶长》:"雍也,仁而不佞。"

《论语·先进》:"由也升堂矣,未入于室也。"

《论语·季氏》:"丘也闻有国有家者,不患寡而患不均,不患贫而患不安。"

但这是"也"用在话题之后,而本章的"也"是用在一个因果复句的后一小句中,情况不一样。"也"用在后一小句的也有,但都不是因果复句。如:

《论语·泰伯》:"鸟之将死,其鸣也哀;人之将死,其言也善。"

《论语·宪问》:"其言之不怍,则为之也难!"

一个因果复句,如果后一小句是"斯+主语+谓语",后一小句的主语和谓语之间是不能加"也"的,因为这种小句中的主语和谓语连接得很紧,中间不能停顿。为了便于对比,我们在先秦30种文献中查检到52个中间用"斯"连接的因果复句,其中后一小句是"斯+主语+谓语"的共5句,都无法在主语和谓语之间加上"也"。如:

《论语·述而》:"我欲仁,斯仁至矣!"

《孟子·梁惠王上》:"王无罪岁,斯天下之民至焉。"

《孟子·梁惠王下》:"君行仁政,斯民亲其上、死其长矣。"

《孟子·万章下》:"其交也以道,其接也以礼,斯孔子受之矣。"

《孟子·万章下》:"苟善其礼际矣,斯君子受之。"

所以,如果"攻乎异端,斯害也已"的"已"是作谓语用的动词,是"止"的意思,那么在"害"和"已"中间就不可能有"也"字。

这样,我们就排除了把"也已"的"已"看作义为"止"的动词的可能,只能把"也已"看作一个语气词。这是合乎先秦语法的。

和"也已"一样,"已"也是一个语气词。语气词"已"和"也已"大致相同,只是"也已"语气更加坚决一点。《老子》第二章中有这样一个句子:

> 天下皆知美之为美,斯恶已。皆知善之为善,斯不善已。

其中的"已"显然是个语气词,而不是义为"止"的动词。这个句子和"攻乎异端,斯害也已"是同一句型。这个句子可以帮助我们确认"攻乎异端,斯害也已"的"也已"是语气词。

既然"斯害也已"的"也已"是语气词,"斯害也已"的意思是"这就有害了",那么上一小句"攻乎异端"的意思就应当是"攻治异端"。连起来说就是:"攻治异端,这就有害了。"下面所引的《后汉书·范升传》中的话,说明汉代人正是这样理解的:

> 时尚书令韩歆上疏,欲为《费氏易》《左氏春秋》立博士。……(升曰:)"今费、左二学无有本师,而多反异。……孔子曰:'攻乎异端,斯害也已。'"

如果像程树德解释的那样:攻伐异端,"必至是非蜂起,为人心世道之害",显然是过于迂曲,不可信从。

(二) 3.5 子曰:"夷狄之有君,不如诸夏之亡也。"

【论语义疏】有不同版本,注释不同。

> 怀德堂本作:此章重中国轻夷狄也。诸夏,中国也。亡,无也。言夷狄虽有君主,而不及中国无君也。……释惠琳云:"有君无礼,不如有礼无君也。"刺时季氏有君无礼也。

> 知不足斋丛书本及四库全书本作:此章为下僭上者发

也。诸夏,中国也。亡,无也。言中国所以尊于夷狄者,以其名分定而上下不乱也。周室既衰,礼乐征伐之权不复出自天子,反不如夷狄之国尚有尊长统属,不至如我中国之无君也。

【论语注疏】言夷狄虽有君长,而无礼仪,中国虽偶无君,若周召共和之年,而礼仪不废,故曰:"夷狄之有君,不如诸夏之亡也。"

【论语集注】程子曰:"夷狄且有君长,不如诸夏之僭乱,反无上下之分也。"

【论语新解】本章有两解:一说:夷狄亦有君,不像诸夏竞于僭篡,并君而无之。另一说:夷狄纵有君,不如诸夏之无君。……晋之南渡,北方五胡逞乱……必严夷夏之防以自保,故多主后说。宋承晚唐五代藩镇割据之积弊,非唱尊王之义,则统一局面难保……故多主前说。清儒根据孔子《春秋》,于此两说作持平之采择,而亦主后说。今就《论语》原文论,依后说,上句"之"字,可仍作常用义释之。依前说,则此"之"字,近"尚"字义,此种用法颇少见,今仍采后说。

【论语译注】【译文】孔子说:"文化落后的国家虽然有个君主,还不如中国没有君主哩。"【注释】夷狄有君……亡也——杨遇夫先生《论语疏证》说,夷狄有君指楚庄王、吴王阖庐等。君是贤明之君。句意是夷狄还有贤明之君,不像中原诸国却没有。说亦可通。

本章的两种不同理解,关键在于"不如"究竟是"不像"还是"比不上"。《论语义疏》怀德堂本的注释认为是"不及""不如";知不足斋丛书本及四库全书本的注释认为是"不像";《论语集注》《论语疏证》认为是"不像";《论语注疏》《论语新解》《论语译注》认为是"比不上"。

这两种不同的理解,关系到对孔子思想的评价。杜维明说:
"人们常举'夷狄之有君,不如诸夏之亡也'来说明孔子的民族歧
见,这是极大的误解,实际上这句话的意思应当是:'夷狄尚且有
君,哪像我们华夏君不君臣不臣的呢!'"①这个问题该怎么看?

我们在《前言》中曾引用过王力先生的一段话:"当我们读古
书的时候,所应注意的不是古人应该说什么,而是实际上古人说
了什么。如果先主观地肯定了古人应该说什么,就会想尽办法
把语言了解为表达了那种思想,这有牵强附会的危险;如果先细
心地看清了古人实际上说了什么,再来体会他的思想,这个程序
就是比较科学的。所得的结论也是比较可靠的。"这是我们阅读
古书所应遵循的原则。如果我们已经有了确凿的文献资料,证
明孔子在民族问题上是没有歧见的,我们在理解本章时,当然要
把那些文献资料和本章联系起来一起考虑。但现在并没有这样
的文献资料,我们只能从本章的句子分析出发,来判断这两种理
解究竟哪一种对。

本章的"不如"究竟是"不像"还是"比不上"?我们先看一个统
计。"不如"在《十三经》中出现 163 次,绝大多数是"比不上"之意;
少数用于"不如意"等场合("如"是"依照"之意);除《论语》外,只有
一例表示"不像":《诗经·小雅·何人斯》:"始者不如今,云不我
可。"这说明在先秦"不如"已经凝固成一个词了,意思是"比不上",
只有在时代较早的文献中,还可以拆开讲,表示"不像"。

---

① 见杜维明《关于定 9 月 28 日为"尊师日"的倡议书》,《中华读书报》2010 年 9
月 22 日第 15 版。

"不如"在《论语》中共 13 例。其中 10 例肯定是"比不上"的意思。除本章外,还有两例"不如"有不同解释:

1.8　无友不如己者。

5.28　十室之邑,必有忠信如丘者焉,不如丘之好学也。

那么,《论语》中这三例"不如"是不是应该读作"不像"呢?5.28 的"不如",两种解释都讲得通,"无友不如己者"到第 6 章再讨论。本章的"不如",如果读作"不像",全句语气不顺。《论语新解》说:如果把本章的"不如"读作"不像",那么"夷狄之有君"的"之"字"近'尚'字义,此种用法颇少见"。他是针对《论语义疏》和《论语集注》的解释说的。《论语义疏》和《论语集注》都没有把原句"夷狄之有君"中的"之"翻译出来,而是用"尚"和"且"代替。钱穆的感觉是对的:如果把"不如"理解为"不像",就要把原句的"之"换成"尚"和"且",否则句子不通顺。但我们要进一步问:为什么原句的"之"不去掉,"不如"就不能理解为"不像"?

这牵涉到"夷狄之有君"和"诸夏之亡"这种"主语＋之＋谓语"的"主之谓"式的问题。这种上古汉语中特有的句式如何分析,具有什么功能,这个问题是学术界讨论的一个热点,这里不可能展开讨论,只能谈谈和这个句子有关的一些问题。

和这个句子有关的"主之谓"有两类不同的用法。

第一类是"主之谓"用作前一个小句,表示"……的时候",如:

6.4　赤之适齐也,乘肥马,衣轻裘。（愚按:赤,公西华。）

8.4　鸟之将死,其鸣也哀。

这类句子的特点是:整个句子是对"主语＋之＋谓语"中的主

语的描写：赤在到齐国去的时候，乘肥马，衣轻裘。

第二类是一个句子的主语和宾语都是"主之谓"，主语和宾语中间可以用"如""犹"之类的动词连接。如：

19.21 君子之过也，如日月之食焉。

19.25 夫子之不可及也，犹天之不可阶而升也。

这类句子的特点是：整个句子不是对"主语＋之＋谓语"中的主语的描写，不是说"君子"像"日月之食"；而是两个"主之谓"分别表示一种情况，整个句子是拿两种情况进行比较，是说"君子之过"这种情况如同"日月之食"这种情况。两个"主之谓"之间用"不如"连接的，《论语》中仅 3.5 一例，但在其他先秦文献中能找到同类的例句：

《墨子·鲁问》："子之为鹊也，不如匠之为车辖。"

《晏子春秋·谏下》："星之昭昭，不如日之暽暽。"（愚按：暽暽，暗淡的样子。）

（以上两例转引自杨逢彬《论语新注新译》）

这就更清楚，这是两种情况的比较，前者不如后者，是说"星之昭昭"还比不上"日之暽暽"，而不是对"星"的描写，说"星"不像"日之暽暽"。

那么，"夷狄之有君，不如诸夏之亡也"属于哪一类呢？显然是属于第二类，这是拿"夷狄之有君"和"诸夏之亡"两种情况进行比较，只能说前者比不上后者，不能说前者不像后者。但是，无论《论语义疏》还是《论语集注》，都没有照顾到这个"之"字，他们认为"不如"是"不像"，那就变成是对"夷狄"的描写，说夷狄不像华夏那样君不君臣不臣，这就必须把"夷狄之有君"的"之"字去掉，换成"尚"或者"且"。但这样就不符合原文了。

所以，这句话里的"不如"不能解释为"不像"，只能解释为"比不上"。

(三) 2.7　子游问孝。子曰："今之孝者，是谓能养。至于犬马，皆能有养；不敬，何以别乎？"

"至于犬马，皆能有养"有两种读法：一，犬马能养人；二，人能养犬马。《论语集解》《论语义疏》《论语注疏》都两说并存，《论语集注》主张第二说。

【论语集解】包曰："犬以守御，马以代劳，皆养人者。一曰：人之所养，乃至于犬马；不敬，则无以别。《孟子》曰：食而不爱，豕畜之；爱而不敬，兽畜之。"

【论语义疏】[至于犬马，皆能有养]此举能养无敬非孝之例也。犬能为人守御，马能为人负重载人，皆是能养而不能行敬者，故云"至于犬马，皆能有养"也。……[一曰：人之所养，乃能至于犬马]此释与前异也。言人所养乃至养于犬马也。[不敬，则无以别]养犬马则不须敬。若养亲而不敬，则与养犬马不殊别也。

【论语注疏】此为不敬之人作譬也。其说有二：一曰：犬以守御，马以代劳，皆能有以养人者。但畜兽无知，不能生敬于人。若人唯能供养于父母而不敬，则何以别于犬马乎？一曰：人之所养乃至于犬马，同其饥渴，饮之食之，皆能有以养之也。但人养犬马，资其为人用耳，而不敬此犬马也。人若养其父母而不敬，则何以别于犬马乎？言无以别。明孝必须敬也。

【论语集注】养，谓饮食供奉也。犬马待人而食，亦若养然。言人畜犬马,皆能有以养之,若能养其亲而敬不至,则与养犬马者何异?

这里的问题是:"犬马养人"和"人养犬马"的"养"有没有区别?

现代汉语中这两个"养"没有区别。但在古代汉语中,两个"养"的音和义都是有区别的。

《广韵·养韵》:"养,育也,乐也,饰也。余两切。"上声。

这是"养育"的"养",是上对下。

《广韵·漾韵》:"养,供养。余亮切。"去声。

这是"供养"的"养",是下对上。

那么,《论语》中的"养"究竟是哪一个"养"?

【经典释文】**能养** 羊尚反,下及注"养人"同。

这是说,"今之孝者,是谓能养。至于犬马,皆能有养"中的两个"养",以及注解"包曰:……皆养人者"中的"养",都是读去声的。这告诉我们,"至于犬马,皆能有养"的"养",和"今之孝者,是谓能养"的"养",都是读去声的"养",应该是"供养、奉养"的"养"。

我们必须说明,陆德明的《经典释文》记的是六朝到唐代的读音,而不可能是先秦的读音。先秦时"今之孝者,是谓能养。至于犬马,皆能有养"中的"养"究竟怎样读,现在已无法知道。但正因为如此,所以陆德明的《经典释文》是我们的一个重要的,也是唯一的参考,是值得重视的。

当然,参考毕竟只是参考。我们不能仅仅以此为根据,就确定这两个"养"的意义。但无论如何,古代汉语中的"养"有两个读音,两个意义,这是肯定的。而从文意看,"今之孝者,是谓能养。至于犬马,皆能有养"中的两个"养",应该是同一个意义。"今之孝者,是谓能养"的"养"一定是"供养、奉养"义,那么,"至于犬马,皆能有养"的"养"也应该同样是"供养、奉养"义。所以,我认为应该取第一说。

(四) 4.18 子曰:"事父母几谏。见志不从,又敬不违,劳而不怨。"

"劳"有三个解释:1. 辛劳,见《论语义疏》《论语注疏》;2. 勉,见《论语后案》;3. 忧,见《经义述闻》。

【论语义疏】[劳而不怨]若谏又不从,或至十至百,则己不敢辞己之劳以怨于亲也。

【论语注疏】"劳而不怨"者,父母使己以劳辱之事,己当尽力服其勤,不得怨父母也。

【论语后案】《邢疏》"劳"训挞辱,不可从。《子路篇》"爱之,能勿劳乎?"《吕氏春秋》高注:"劳,勉也。"

王引之《经义述闻·礼记下》:"微谏不倦,劳而不怨。引之谨案:劳,忧也。高诱注《淮南·精神》篇曰:'劳,忧也。'凡《诗》言'实劳我心''劳心忉忉''劳心慱慱''劳人草草'之类皆谓忧也。……《孟子·万章篇》曰:'父母爱之,喜而不忘。父母恶之,劳而不怨。''劳'与'喜'相对,亦谓忧而不怨也。"

这三种解释,应取王引之说。王引之说根据古代文献证明"劳"有"忧"义,而且"忧"表示子女的心情,与上下文切合。"劳"的"辛劳"义当然是常训,"勉"义也有根据,但都不是表心理的,与上下文不切合。

(五) 8.3 曾子有疾,召门弟子曰:"启予足! 启予手! 《诗》云:'战战兢兢,如临深渊,如履薄冰。'而今而后,吾知免夫! 小子!"

【论语集解】郑曰:"启,开也。曾子以为受身体于父母,不敢毁伤,故使弟子开衾而视之也。"

【论语义疏】【论语注疏】【论语集注】都把"启"解释为"开",并说是"开衾而视之"。

这就有一个问题:"开"的是"手足"还是"衾"? 确实,"手足"是不能"开"的,只有"衾"能"开"。于是,就出现了别的解释。

《广雅·释诂》:"晵,视也。"

王念孙《广雅疏证》云:"晵者,《说文》:'晵,省视也。'《释言篇》云:'晵,窥也。'古通作'启'。《论语·泰伯篇》:'曾子有疾,召门弟子曰:启予足! 启予手!'郑注训'启'为'开',失之。"

王念孙认为"启"通"晵",是"视"的意思。

【论语正义】《说文》:"誃,离别也。读若《论语》'跢予之足'。"作"跢",当出《古论》。"跢"与"誃"音同,义亦当不异。段氏玉裁注引或说"跢"与"哆"同。"哆",开也。开即离别之义,揆《古论》之意,当谓身将死,恐手足有所拘挛,令展布之也。郑君以启为开,甚合古训。而以为开衾视之,未免增文成义。

刘宝楠认为"启"当作"跢",与"哆"同义;哆,开也,为"展布"之意。

这个问题该怎么看?

我认为,《论语》的原文是"启予足,启予手",郑玄把"启"解释为"开",这在词义训诂上并无不可。但确实,"启予足,启予手"可以说,"开予足,开予手"不能说。(愚按:《论衡·四讳》:"故曾子有疾,召门弟子曰:'开予足! 开予手! 而今而后,吾知免夫。小子!'"这是为了避讳,用"开"代替"启"。)这是因为,"启"和"开"在用法上有细微的区别。

"开＋N"只能表示把 N 打开,而"启＋N"还可以表示把 N 上的覆盖物打开。请看下面的例子:

> 《左传·昭公四年》:"古者日在北陆而藏冰,西陆朝觌而出之。其藏冰也,深山穷谷,固阴冱寒,于是乎取之。其出之也,朝之禄位,宾食丧祭,于是乎用之。其藏之也,黑牡、秬黍以享司寒。其出之也,桃弧、棘矢以除其灾。其出入也时。食肉之禄,冰皆与焉。大夫、命妇丧浴用冰。祭寒而藏之,献羔而启之,公始用之。"

这一段文章里的"取之""出之""用之""藏之"的"之"都是指"冰"。那么"献羔而启之"该怎样解释呢?"启之"的"之"显然也指冰,但"启之"不是说把冰打开。杜预注:"谓二月春分献羔祭韭,始开冰室。""启之"是说把藏冰之室打开。

又如,《庄子·徐无鬼》:"武侯大说而笑。徐无鬼出,女商曰:'先生独何以说吾君乎?吾所以说吾君者,横说之则以《诗》《书》《礼》《乐》,从说之则以《金板》《六弢》,奉事而大有功者不可为数,而吾君未尝启齿。今先生何以说吾君,使吾君说若此乎?'"成玄英疏:"开口而微笑也。""启齿"是唇开而露齿。

所以,"启予足,启予手"是打开覆盖在手足上的衾。这种"启"不能简单地用"开"替换。如果改用动词"开",就要换一种说法:打开手足上的被子,打开藏冰之室。

(六) 7.29 互乡难与言,童子见,门人惑。子曰:"与其进也,不与其退也,唯何甚? 人洁己以进,与其洁也,不保其

往也。"

【论语集解】郑曰："往，犹去也。人虚己自洁而来，当与
之即进，亦何能保其去后之行也？"

【论语义疏】顾欢曰："往，谓前日之行也。"……然郑曰
"去后之行"，亦谓今日之前，是已去之后也。

【论语注疏】往犹去也。……去后之行者，谓往前之行，
今已过去。

【论语集注】往，前日也。

【论语今注】保，管。往，过去。与其洁也，不保其往也，
是说我们应赞许他能改过自新，不管他以前的事。

杨逢彬《论语新注新译》："至于他离开后如何，就管不
着了。"

"不保其往"的"往"，郑玄解释为"去后之行也"，应该理解为
"离去以后的行为"，"往"指将来。《论语义疏》引"顾欢曰"是另一
种解释，认为"往"是前日之行，即指过去。同时又把郑玄的"去后
之行"也解释为"今日之前"。《论语注疏》沿袭《论语义疏》的说法。
《论语集注》明确说"往"是"前日"。《论语今注》把"往"解释为"过
去"。《论语新注新译》则按照郑注，译为"离开以后"，指将来。

古代"往"有二义，在表空间运动时义为"前往"，在表时间时义
为"过去"。《论语》18.5："往者不可谏，来者犹可追。""往者"指过
去。这和中国人的时间观念有关，中国人认为人是不动的，时间列
车迎面而来，飞驰而去，已经离我而去的是过去，即将迎我而来的
是今后。李白《宣州谢朓楼饯别校书叔云》诗："弃我去者，昨日之
日不可留；乱我心者，今日之日多烦忧。"把这种关系说得很清楚。
本章说"互乡难与言"，这是说他过去的表现。但孔子还是见了他，

门人为此感到疑惑。孔子解释说:"与其洁也,不保其往也",意思是说:他现在进步了就好,而不管他过去如何。郑注用空间运动解释"往",混淆了"往"的两个意义,不可从,把"往"解释为"前日""过去"是对的。

(七) 3.1 孔子谓季氏:"八佾舞于庭,是可忍也,孰不可忍也?"

【论语义疏】忍,犹容耐也。……言若此僭可忍,则天下为恶,谁复不可忍也?

【论语注疏】季氏以陪臣而僭天子,最难容忍。故曰:若是可容忍,他人更谁不可忍也?

【论语集注】季氏以大夫而僭用天子之礼乐,孔子言其此事尚忍为之,则何事不可忍为。或曰:忍,容忍也。盖深疾之之辞。

"忍"有二义:一为容忍,一为忍心。本章的"忍",《论语集解》未出注,《论语义疏》谓"忍"为容忍,《论语注疏》同。《论语集注》则认为"忍"是"忍心",把"容忍"义作为"或曰"。

应该看到,"忍"的"容忍"义和"忍心"义用法是有区别的。下面用《左传》的例句加以说明。

(1)《左传·哀公二十七年》:"以能忍耻,庶无害赵宗乎!"

(2)《左传·僖公二十四年》:"今天子不忍小忿以弃郑亲,其若之何?"

(3)《左传·成公二年》:"臧宣叔曰:'衡父不忍数年之不宴,以弃鲁国,国将若之何?'"

（4）《左传·昭公二十六年》："至于厉王，王心戾虐，万民弗忍，居王于彘。诸侯释位，以间王政。"

（5）《左传·成公十四年》："卫侯既归，晋侯使郤犫送孙林父而见之。卫侯欲辞。定姜曰：'不可。……不许，将亡。虽恶之，不犹愈于亡乎？君其忍之！'"

（6）《左传·襄公四年》："羿犹不悛，将归自田，家众杀而亨之，以食其子，其子不忍食诸，死于穷门。"

（7）《左传·襄公二年》："弃父事雠，吾弗忍也。"

（8）《左传·昭公二十年》："大叔为政，不忍猛而宽。"

（9）《左传·定公元年》："生不能事，死又离之，以自旌也。纵子忍之，后必或耻。"

"容忍"义的"忍"后面多跟一个表示状态或事情的词或词组，如上面例（1）的"耻"、例（2）的"小忿"、例（3）的"数年之不宴"。有时"忍"的对象可以出现在前面，如例（4），指"王心戾虐"这种状况。有时说"忍之"，如例（5），"之"指前面说过的一件事情，即与孙林父相见（这是卫侯不愿意做的事情）。用"忍"和"不忍"的都比较常见。

"忍心"义的"忍"后面多跟一个自主动词，即这个动作是施事者可以自行决定的，如例（6）的"食"。这种动作也可以出现在前面，如例（7）"弃父事雠"。有时，"忍"后面跟一个形容词，但仍然是表示动作而不表示性状，如例（8）的"猛"和"宽"都用作动词，表示实行猛政和实行宽政。而且"忍心"义的"忍"多用"不忍"，单用"忍"的少见，《左传》中仅有一例，即例（9），"忍之"意为忍心实施"死而离之"（把鲁昭公的坟墓和祖茔隔离）这种行为。

根据这种差别再来看本章的"忍"。"忍"的对象是"八佾舞于庭",这是一种情况,而不是一个自主的动作,而且是单用"忍",所以"忍"不是"忍心"义,应该是"容忍"义。

(八) 6.6 子谓仲弓,曰:"犁牛之子骍且角,虽欲勿用,山川其舍诸?"

9.21 子谓颜渊,曰:"惜乎!吾见其进也,未见其止也。"

这两章的问题是一样的,可以放在一起讨论。

《论语》中有两种句子,里面的"谓"意思不一样:

A. 谓××:"……","谓"表示评论。如:

5.16 子谓子产:"有君子之道四焉:其行己也恭,其事上也敬,其养民也惠,其使民也义。"

B. 谓××曰:"……","谓……曰"表示"对……说"。如:

3.6 季氏旅于泰山。子谓冉有曰:"女弗能救与?"

这两种句子一般不相混。杨逢彬特别强调两者的区别,认为绝无例外。

但是,上述 6.6 和 9.21 两句都是"谓……曰",用"对……说"来解释却有点问题。下面分别来看。

6.6 子谓仲弓,曰:"犁牛之子骍且角,虽欲勿用,山川其舍诸?"

本章的"犁牛"有不同解释,一说为杂色之牛,一说为耕牛;古代杂色之牛或耕牛都不用作供祭祀的牺牲。《史记》言仲弓之父贱,本章以"犁牛"喻仲弓之父,而仲弓有才,不会因其父而不用于世。

历代的注本对本章的解释如下:

《论语》唐写本郑玄注:"仲弓贤而父不肖,其意若自退然。

故告之，以此进之。"

《论语集解》对"谓"没有解释。

【论语义疏】范宁曰："谓，非必对言也。"

【论语注疏】此章复论冉雍之德也。……孔子称谓仲弓曰："……"

【论语集注】然此论仲弓云尔，非与仲弓言也。

【论语新解】《论语》与某言，皆称子谓某曰，此处应是孔子告仲弓语。或说：此章乃孔子论仲弓之辞，非是与仲弓语，否则下文岂有面其子而以犁牛喻其父之理？……故谓此章乃是泛论古今人而特与仲弓言之，不必即指仲弓也。子谓仲弓可使南面，仲弓为季氏宰，问焉知贤才而举之，或仲弓于选择贤才取择太严，故孔子以此晓而广之耳。按子罕篇，子谓颜渊曰："惜乎，吾见其进也，未见其止也。"与此章句法相似。本篇前十四章，均是评论人物贤否得失，则谓此章论仲弓更合，惟以犁牛暗刺其父之名则可疑。翻译为："先生评论仲弓说：……"

【论语今注】谓，谈论到。……此章赞美仲弓之才德。

【论语译注】孔子谈到冉雍，说："耕牛的儿子长着赤色的毛，整齐的角，虽然不想用它作牺牲来祭祀，山川之神难道会舍弃它吗？"

郑玄认为"犁牛"句是孔子对仲弓的告语，其他诸家都认为是对仲弓的评论。《论语新解》已注意到，"谓某曰"是对某人说话时使用的格式，但仍然认为本章是评论仲弓。其他的注释实际上也注意到这个问题，所以特别要说明本章"非必对言""非与仲弓言"，而是"论仲弓之德"。为什么这些注家都不把本章理解为孔子对仲弓说的话呢？大概是由本章的内容决定的。"犁牛之子骍且角，虽欲勿用，山川其舍诸？"这话虽然是赞扬了儿子，但贬损了父亲，诸家认为孔子不可能对仲弓说这样的话。如果是评论仲弓，这样说就无妨了。

当然，本章照郑玄注，认为仲弓以其父不贤而自伤，"故告之，以此进之"，也是可以的。因为这是隐喻，并没有直接贬损其父，但仲弓能明白其意。或者像《论语新解》中所说，这是"泛论古今人而特与仲弓言之，不必即指仲弓也"，也未尝不可。但毕竟都有些勉强。

9.21　子谓颜渊，曰："惜乎！吾见其进也，未见其止也。"

【论语集解】包曰："孔子谓颜渊进益未止，痛惜之甚。"

【论语义疏】颜渊死后，孔子有此叹也。

【论语注疏】此章以颜回早死，孔子于后叹息之也。

【论语集注】颜子既死而孔子惜之。

【论语新解】子谓颜回句断，下曰字自为一句。本章乃颜渊既死而孔子惜之之辞。

【论语译注】【译文】孔子谈到颜渊，说道："可惜呀［他死了］！我只看见他不断地进步，从没看见他停留。"

【论语今注】谓，谈到，说到。从下文"惜乎"二字观之，当时颜渊死后，孔子批评之辞。

这些注释都认为这是孔子对颜渊的评论，所以在"谓颜渊曰"四个字中间，要在"曰"前断开，"曰"表示评论颜渊时这样说。为什么会认定这是对颜渊的评论，而不是对颜渊说的话呢？是根据"惜乎"说的，如果只是"吾见其进也，未见其止也"，就不会说"惜乎"

了。所以他们认为这是颜渊死后孔子对他的评论。

杨逢彬《论语新译新注》对此有不同的看法。

【论语新译新注】唐写本郑玄注说："颜渊病,孔子往省之,故发此言,痛惜之甚。"那么,这明明是颜渊病重孔子去探视他的时候说的。先秦汉语中,"谓……曰"格式都是"对……说"的意思,——我们调查了几千例,未见例外。若是评论某人,那时都是用"谓……"的格式。联系到郑玄注,我们以为此处也不例外。

《论语新译新注》使用新发现的材料,这很值得重视。原先的注释都认为孔子的话是颜渊死后说的,所以只能是评论,而不能是告语。现在,唐写本郑注说,是"颜渊病,孔子往省之"时说的。当然,郑注也只能备一说,未可视为定论,但至少不排除这种可能。可是,即使是孔子探视时说的话,也还有两种可能:一是对颜渊说,一是对他人说。这就要根据话的内容来判断了。

孔子的话是:"惜乎! 吾见其进也,未见其止也。"关键的问题是"其"怎么讲?

"其"一般的用法是表示"他的"。但《论语新译新注》说:

"其,特指代词(参见郭锡良《汉语史论集》所载《汉语第三人称代词的起源和发展》),可译为'他的',也可译为'你的''我的'。如:'老臣以为媪为长安君计短也,故以为其爱不若燕后。'(《战国策·赵策》)这一例'其'即可译为'你的'"。

这个意见可以商榷。《战国策》的例句是触龙对赵太后说的话。按照古代的礼节,臣对君言,是不能称对方为"尔""汝"的,称对方为"尔""汝",那是大不敬的死罪。

所以,这句话前面称赵太后为"媪","媪"不是第二人称代词。

后面的"其爱"即"媪于长安君之爱","其"也不是"你的"。"其爱"译为"你的爱"是白话翻译的说法,正如"老臣以为媪为长安君计短也"的"媪"白话翻译也可以说成"你",但那都是白话翻译,不是古汉语研究。再退一步说,即使"其"在某些场合可以指称对方,但当着某人的面说话,也绝不会把"我只看见你不断地进步,从没看见你停步不前"这样的意思,说成"吾见其进也,未见其止也"。孔子对弟子说话,都是称对方为"尔"或"女",不会称之为"其"。

所以,9.21子谓颜渊,曰:"惜乎! 吾见其进也,未见其止也。"

即使这话是孔子探视颜渊时说的,也只能是对颜渊的评论,不可能是对颜渊说的话。

其实,对于上述两例中"谓……曰"的问题,古人已经注意到了。

《朱子语类》卷三十一:"子谓仲弓章":"或曰:'恐是因仲弓之父不肖,而微其辞。'曰:'圣人已是说了,此亦何害。大抵人被人说恶不妨,但要能改过。过而能改,则前愆顿释。昔日是个不好底人,今日有好事自不相干,何必要回互。然又要除却"曰"字。此"曰"字,留亦何害。如:"子谓颜渊曰:吾见其进也。"'不成是与颜渊说! 况此一篇,大率是论他人,不必是与仲弓说也。只苏氏却说此乃论仲弓之德,非是与仲弓言也。'"

【四书考异】张师曾校张达善点本曰:"子谓颜渊"凡二见,前用舍行藏,乃子面命,通为一句,如"子谓子夏曰",亦通为一句是。此非面命,"渊"字句绝,"曰"字自为一句,如"子谓仲弓"亦句绝,"曰"字亦自为一句是。

朱熹认为"子谓仲弓"章是论他人,"不必是与仲弓说",但"曰"

字不必去掉。正如"子谓颜渊曰"有"曰"字,却不是与颜渊说。张师曾则认为"子谓仲弓曰"和"子谓颜渊曰"都应在"曰"字前面断开,意思是"孔子评论仲弓,说道:……""孔子评论颜渊,说道:……"。这些意见都值得我们重视。

《论语》中一个字可以有多种解释的很多,在读《论语》时都要认真考虑,细心选择。这里就不一一列举了。

五、句子的理解

有的句子没有句读的问题,但对句子的内部结构可以有不同的看法,也就会形成对句子不同的理解。下面举几个例子。

(一)2.6 孟武伯问孝。子曰:"父母唯其疾之忧。"

【论语集解】马曰:"言孝子不妄为非,唯有疾病然后使父母忧耳。"

【论语义疏】言人子欲常敬慎自居,不为非法,横使父母忧也。若己身有疾,唯此一条当非人所及,可测尊者忧耳。

【论语集注】言父母爱子之心无所不至,唯恐其有疾病,常以为忧也。人子体此而以父母之心为心,则凡所以守其身者自不容于不谨矣,岂不可以为孝乎? 旧说人子能使父母不以陷于不义为忧,而独以其疾为忧乃可谓孝,亦通。

【论语今注】唯是独。父母爱子之心,无所不至,唯恐子有疾病,心长为之忧虑。武伯贵族子弟,大概行为不谨而多病,孔子因材施教,故戒之慎疾。

这些注解都认为这句说的是父母忧人子之疾。但可分为

两类:

一类是《论语集解》和《论语义疏》,把重点放在"唯……之……"上,强调父母只担忧其疾,而不必担忧其他。也就是说,人子除了疾病以外,没有让父母担心的事,这就是对父母的孝。

另一类是《论语集注》,把"父母唯其疾之忧"解释为"(父母)唯恐其有疾病"。这和《论语》的原文有距离。原文"父母唯其疾之忧"是一种带唯独性标记的间接排除表达式,本身就含有排除其他使父母担忧的事情的语义;也就是说,"父母唯其疾之忧"本身就意味着"其他方面都不让父母担忧"。而把这种句式改变成"(父母)唯恐子有疾病"这种一般的叙述句式,这种排除性的语义就消失了,所以,朱熹只能从父母爱子再说到子应体察父母之心而守其身,这是拐了一道弯来说子之孝,未免过于迂曲。

《论语今注》也属这一类。此书和《论语集注》一样,把"父母唯其疾之忧"解释为"父母唯恐子有疾病",而且直接以此作为"问孝"的回答,没有像《论语集注》那样再拐回到人子身上来,这样就显得所答非所问。尽管作者解释说这是孔子针对孟武伯而说的,这仍然有问题。因为《论语》中有很多"问孝"的章,问的都是一个普遍性的问题:人子怎样对父母才是孝;而孔子的回答也都是有普遍性的,是对所有的人子而言,不可能唯独这一章仅对孟武伯一人而言。所以,《论语今注》的解释不可取。

但是,有人认为这句说的是人子忧父母之疾。如:

臧琳《经义杂记》卷五:"《论衡·问孔》云:'武伯善忧父母,故曰惟其疾之忧。'《淮南子·说林》:'忧父之疾者子,治之者医。'高注云:'《论语》曰:"父母惟其疾之忧",故曰忧之者子。'则王充、高诱皆以人子忧父母之疾为孝,与马说不同。

'父母'字当略读。"

这样，就有两种看法：第一种是父母忧子之疾，这是上引各种注本的看法；第二种是子忧父母之疾，这是《经义杂记》的看法。这两种看法哪一种对？

照第一种看法，"父母"是主语，是"忧"这个动作的发出者。照第二种看法，"父母"虽然放在句首，但不是发出动作的主语，而是论述的对象，意思是"对于父母"，用现在的话来说，"父母"是话题，所以读的时候后面要"略读(dòu)"，即要略作停顿。而发出"忧"的动作的，不是父母，而是人子。这两种读法究竟哪一种对？

从语义看，第一种说法很顺畅。这是孔子对"问孝"的回答。什么是孝？"父母唯其疾之忧"，照《论语集解》的解释，意思是"孝子不妄为非，唯有疾病然后使父母忧耳"，人子不胡作非为，除了疾病，父母不必为自己担忧，这就是孝，意思很清楚。特别是"唯……之忧"的格式，用得很恰当，说明父母只需担心其子的疾病而无须担心其他。而按第二种说法，为什么"善忧父母"就是孝，特别是为什么人子"唯父母疾之忧"，只担忧父母的疾病而无须担心其他？这些问题无法很好地回答。

也许，有人会说第二种说法对。因为"其疾"的"其"很容易找到先行词，就是前面的"父母"。既然"其疾"是父母之疾，那整句当然是说人子忧父母之疾了。这样的看法对吗？

其实，虽然"其"的先行词"子"在句中不出现，但句中的"其疾"还是指子之疾。可以比较下面的句子：

1.11　子曰："父在，观其志；父没，观其行；三年无改于父之道，可谓孝矣。"

这个句子也是孔子论孝，"其"的先行词在上文不出现，但"其"

的所指很清楚,不是指靠近的"父",而是指上文未出现的"子"。为什么可以这样?因为整段话论述的中心是"子",是说人子怎么才是孝。《论语》很多"问孝"的段落都是这样的,如:

2.5 孟懿子问孝。子曰:"无违。"

2.8 子夏问孝。子曰:"色难。"

答话中"无违""色难"论述的主体都没有出现,但不言而喻的都是子。所以,本章中"父母唯其疾之忧"的"其",指的是子。应该是第一种说法对,第二种说法不能成立。尽管王充、高诱是那样理解,但这是他们的理解,并不是《论语》的原意。汉代人对《论语》的理解,我们是应当充分考虑的,因为汉代和《论语》时代比较近,汉代人的理解很可能符合《论语》的原意,可以参考。但如果我们经过分析,发现汉代人的理解和《论语》的原意不符,我们就应当遵从《论语》的原意。

(二)5.26 颜渊季路侍。子曰:"盍各言尔志?"子路曰:"愿车马衣轻裘与朋友共敝之而无憾。"颜渊曰:"愿无伐善,无施劳。"子路曰:"愿闻子之志。"子曰:"老者安之,朋友信之,少者怀之。"

这一章的前面部分上文已经讨论过了,这里讨论"老者安之,朋友信之,少者怀之"。这是有不同理解的。

【论语义疏】[子曰……]孔子答也。愿己为老人所见抚安,朋友必见期信,少者必见思怀也。若老人安己,己必是孝敬故也。朋友信己,己必是无欺故也。少者怀己,己必有慈惠故也。(愚按:"所见抚安",知不足斋丛书本及四库全书本作"必见抚安"。)

【论语注疏】言己愿老者安己,事之以孝敬也。朋友信己,待之以不欺也。少者归己,施之以恩惠也。

【论语集注】老者养之以安,朋友与之以信,少者怀之以恩。一说:安之,安我也。信之,信我也。怀之,怀我也。亦通。

【论语新解】此三"之"字,一说指人,老者我养之以安,朋友我交之以信,少者我怀之以恩也。另一说,三"之"字指己,即孔子自指。己必孝敬,故老者安之。己必无欺,故朋友信之。己必有慈惠,故少者怀之。【白话试译】我愿对老者,使他能安。对朋友,使他能信。对少年,能使他于我有怀念。

【论语译注】【译文】老者使他安逸,朋友使他信任我,年轻人使他怀念我。【注释】译文把"信"和"怀"同"安"一样看做动词的使动用法。

【论语今注】孔子的意思是:老年人使他安乐,朋友们使他信任我,年轻人使他怀念我。

正如《论语新解》所说,各家注释对"之"的所指有两种理解:1.《论语义疏》《论语注疏》和《论语集注》的"一说"把"之"理解为"己",即孔子;那么,老者、朋友、少者都是施事主语,后面的"之"是动词的宾语。2.《论语集注》自己的看法是"之"指人,即老者、朋友、少者。《论语新解》的翻译也是采取"之"指人之说。《论语译注》《论语今注》都认为"之"指人。这样,老者、朋友、少者就都是话题,后面的"之"复指前面的话题。

但持第二种理解的,对于"安之""信之""怀之"的看法又不相同,《论语集注》对"安之""信之"的解释另加了动词"养"和"与",只有"怀之"仍以"怀"为动词。《论语新解》的翻译把"安""信""怀"看作使动,但把"怀"解释为"于我有怀念",即"怀念我"。《论语译注》明确说把"安""信""怀"看作使动,但在"信""怀"后面都加了宾语"我"。《论语今注》和《论语译注》同。

这两种对"之"的不同理解,谈论问题的角度是不同的。第一种理解的角度是说孔子愿意别人对自己如何,第二种理解的角度是说孔子愿意看到别人如何。哪一种看法更接近《论语》的原意?从内容看,这三句是孔子言志。如果把这三句话理解为孔子希望别人对自己如何,这就是孔子之志,当然是可以的。如果理解为孔子希望别人如何,希望看到老者、朋友、少者得到"安""信""怀",即希望广大人群都能各得其所,都能安乐,则更能表现孔子博爱的胸怀。《礼记·礼运》:"大道之行也,天下为公。选贤与能,讲信修睦。故人不独亲其亲,不独子其子。使老有所终,壮有所用,幼有所长,矜寡孤独废疾者皆有所养。"这一段话可以和"老者安之,朋友信之,少者怀之"参看。如果这样理解,那么,这三句就不是孔子希望别人对他如何,而是希望看到别人如何;也就是说,把"老者""朋友""少者"作为话题:老者则安之(使之安),朋友则信之(使之信),少者则人怀之。这样理解,这三句的句法结构不完全相同:这三句都是话题句,但前两句是使动,第三句不是使动。这会不会有问题呢?不会。古人行文,主要看重表面结构相同,即都是"谓词(形容词或动词)+之",而不看重内部句法结构的相同。这样的情况多得很。如:

6.20 知之者不如好之者,好之者不如乐之者。

13.1 先之,劳之。

19.25 所谓立之斯立,道之斯行,绥之斯来,动之斯和。

这两句里的"P+之",有的是使动(如"劳之""立之"等),有的是意动(如"乐之"),有的是一般的施动,即及物动词带受事(如"知之""道之"等),但都不妨碍它们并列使用。所以,5.26理解为"老者则安之(使之安),朋友则信之(使之信),少者则人怀之"是完全可以的。

(三)9.19 子曰:"譬如为山,未成一篑,止,吾止也。譬如平地,虽覆一篑,进,吾往也。"

【论语集解】包曰:"篑,土笼也。此劝人进于道德也。为山者其功虽已多,未成一笼而中道止者,我不以其前功多而善之也。见其志不遂,故不与也。"马曰:"平地将加进功,虽始覆一篑,我不以其见功少而薄之也。据其欲进而与之也。"

【论语义疏】[譬如为山……]此戒人为善垂成而止者也。……如为善不成,吾亦不美其前功多也,故云吾止也。……[譬如平地……]此奖人始为善而不住者也。……吾不以其功少而不善之,善之有胜于垂成而止者,故曰吾往也。

【论语注疏】此章孔子劝人进于道德也。……中道止者,我不以其前功多而善之,见其志不遂,故吾止而不与也。……虽始覆一篑,我不以其功少而薄之,据其欲进,故吾则往而与之也。

【论语集注】此言山成而但少一篑,其止者,吾自止耳。平地而方覆一篑,其进者,吾自往耳。

【论语正义】《荀子·宥坐篇》:"孔子曰:'如垤而进,吾与之。如丘而止,吾已矣。'"即此章异文。

【论语新解】【白话试译】先生说:譬如堆一山,只一篑未成,停止了,这是我自己停止了的呀。譬如在平地,仅堆着一篑土，继续向前堆，这也是我自己在向前堆的呀。

【论语译注】【译文】基本上和《论语新解》相同。【注释】子曰……往也——这一章也可以这样讲解："好比堆土成山，只差一筐土了，如果[应该]停止，我便停止。好比平地堆土成山，纵是刚倒下一筐土，如果[应该]前进，我便前进。"依照前一讲解，便是"为仁由己"的意思。依照后一讲解，便是"唯义与比"的意思。

【论语今注】止，吾止也，是说如果不去堆一筐土使它成山，那是我自己停止不做的。……进，吾往也，是说如果决心去堆土为山，那也是我自己去做的。

上述注解大致可分为三种：

1.《论语集解》《论语义疏》《论语注疏》《论语正义》是说我对别人"止"和"进"的态度：别人为善而止，我便不支持；别人为善不止(进)，我便支持。但《论语集解》用"不与"和"与"来加以解释"吾进也"和"吾往也"，和原文的意思有距离；《论语注疏》用"止而不与""往而与之"来解释，"不与"和"与之"仍是外加的。

2.《论语集注》《论语新解》《论语今注》是说"止(停止为善)"和"进(继续为善)"都在于我自己。

3.《论语译注》的"也可以这样讲解"在"止"和"进"前面加了[应该]，整章的意思解释为该止则止，该进则往。这和原文也有距离。阅读古书有时可以加一些字来理解，但能不加则尽量不加。

《论语正义》引《荀子·宥坐》，认为其可作为本章的参考，但《宥坐》与《论语》本章实际上是不同的。《宥坐》的意思和上述第一种解释大致相同，是说我对别人"止"和"进"的态度。上面已经说了，这样的解释和本章的意思有距离。特别值得注意的是，《宥坐》

说"吾已矣"，《论语》本章说"吾止也"。用"矣"和用"也"是不同的。"××，××矣"是一个条件复句，是说在什么条件下会有什么行动，如《论语》6.9"如有复我者，则吾必在汶上矣"。"××，××也"是一个表原因的复句，后一小句说明前一小句的原因，如《论语》3.22"古者言之不出，耻躬之不逮也"。所以，据《宥坐》来理解本章并不适合。本章的"吾进也"和"吾往也"是用来说明原因的，《论语集注》《论语今注》的解释和《论语新解》的翻译是正确的。

《论语》有时候前后相近的两章意思有联系。本章是9.19，下面的9.21是这样的：

9.21 子谓颜渊，曰："惜乎！吾见其进也，未见其止也。"

这两章的"进"和"止"是同样的意思："进"是前进，"止"是停步。9.19的"止，吾止也"和"进，吾往也"是说明"止""进"的原因都在于自己。这就是《论语译注》所说的"为善由己"。

（四）6.27 子曰："君子博学于文，约之以礼，亦可以弗畔矣夫！"

【论语义疏】言君子广学六籍之文，又用礼自约束，能如此者亦可得不违背于道理也。

【论语注疏】此章言君子若博学于先王之遗文，复用礼以自检约，则不违道也。

【论语集注】君子学欲其博，故于文无不考；守欲其要，故其动必以礼。如此，则可以不背于道矣。程子曰："博学于文而不约之以礼，必至于汗漫。博学矣，又能守礼而由于规矩，则亦可以不畔道矣。"

【论语稽求篇】博、约是两事，文、礼是两物，然与"博我以文,约我以礼"不同。何也?彼之博约,是以文礼博约回,此之博约,是以礼约文,以约约博也。博在文,约文又在礼也。……《后汉·范升传》引孔子曰:"博而约之,弗畔矣夫。"又曰:"夫学而不约,必叛道也。"

【论语后案】约之以礼,谓行其所学,必节之以礼也。君子多识前言往行,非以为口舌之资,固孜孜然欲法古人之所为也。读诸子杂说,衡以先王之礼,可否定而始行,即诗书所载,必以礼准之,知其浅深醇驳之殊,始可以力行不惑,于道乃不背也。

【论语译注】《子罕篇》第九云:"颜渊喟然叹曰:'夫子循循然善诱人,博我以文,约我以礼。'"这里的"博学于文,约之以礼"与《子罕篇》的"博我以文,约我以礼"是不是完全相同呢?如果完全相同,则"约之以礼"的"之"是指代"君子"而言。这是一般人的说法。(原文以下引毛奇龄《论语稽求篇》之说,此处省略。)毛氏认为"约之以礼"的"之"是指代"文",正是我们平常所说的"由博返约"的意思。

【论语今注】约,约束。之,指博学于文的君子。约之以礼,是用礼节来约束他自己的行为。

《子罕》的"约我以礼"为《论语》9.11。本章的"约之以礼"和9.11 的"约我以礼"意思是否相同?这个问题需要讨论。

《论语义疏》《论语注疏》《论语今注》皆以为本章"约之以礼"为"自约束",则两者相同。《论语集注》对"约之"的"之"没有解释,只是说"守欲其要,故其动必以礼"。而《论语稽求篇》主张"约之以礼"是"以礼约文",而且引《后汉书》为证,如此则两者意思不同。

这个问题怎么看?

这可以从两个方面考虑。第一,"君子博学于文,约之以礼",在"之"前面有两个可能的指称对象:"君子"和"文"。"之"究竟是指称哪一个? 能不能根据"君子"和"文"所在的位置来判断? 这个问题不好回答,因为古汉语中的指称情况很复杂,不一定是指称离得最近的一个,所以无法根据两者的位置来确定"之"是指称"君子"还是"文"。

第二,如果照《论语义疏》等所说,"君子博学于文,约之以礼"的"之"是指"己",那就是"之"和句首的施事者"君子"同指。我们需要检验一下,先秦汉语中在施事句"S+V+之"中"之"是否能和施事者 S 同指?

先秦汉语中"之"是可以指"我"的,像前面讨论过的《论语》的句子:

5.26 子路曰:"愿闻子之志。"子曰:"老者安之,朋友信之,少者怀之。"

有人把"之"理解为"我",至少是说得通的。

又如:

《韩非子·外储说右上》:"国羊重于郑君,闻君之恶己也,侍饮,因先谓君曰:'臣适不幸而有过,愿君幸而告之,臣请变更,则臣免死罪矣。'"

"告之"指"告诉我"。

但是,这两例都是在对话中说话者用"之"指自己。"之"和说话者同指,但和小句句首的施事者(《论语》中的"老者、朋友、少者",《韩非子》中的"君")不同指。"之"指"我",而不指"自己"。

如果句中的"之"和句首的施事者同指,那就是句首的施事者施加动作于自己身上,"之"指"自己"。这种句式在先秦是否存在?

"言有易,言无难。"如果我们没有对先秦的大量语料一一检验,对这个问题难以作十分确定的回答。现在我们只能通过一些例句作一个局部的验证。

我们选取了四个表示对自身施加行为的最常见的动词——"约""修""正""洁",对它们在先秦语料中的用法作了全面调查。结果发现:在表示某人对自己施加动作的时候,都不用"S+V+之",而用"S+V+己"或"S+V+身"。

(1)约

"S+约之"除本章外仅一见,但"之"不指自己,"约"也不指"约束"。

> 《荀子·正名》:"名无固宜,约之以命,约定俗成谓之宜,异于约则谓之不宜。名无固实,约之以命实,约定俗成,谓之实名。"

"S+约己""S+约身"未见。

(2)修

"S+修之"有如下例句,"之"都不指"自己"。

> 《老子》五十四章:"修之身,其乃德真;修之家,其德有余;修之乡,其德乃长;修之国,其德乃丰;修之天下,其德乃普。"(一本"之"下有"于"字。)

> 《庄子·渔父》:"今不修之身而求之人,不亦外乎!"

> 《荀子·不苟》:"人污而修之者,非案污而修之之谓也,去污而易之以修。"

"S+修己"有如下例句:

> 《论语·宪问》:"子路问君子。子曰:'修己以敬。'"

> 《左传·闵公二年》:"修己而不责人。"

《荀子·君道》："如是,则臣下百吏至于庶人,莫不修己而后敢安止。"

"S＋修身"有如下例句：

《国语·晋语四》："不能修身而又不能宗人。"

《孟子·尽心上》："修身以俟之,所以立命也。"

《庄子·渔父》："今不修身而求之人。"

《韩非子·说疑》："是以群臣居则修身,动则任力。"

《吕氏春秋·慎人》："汤武修身积善为义。"

（3）正

"S＋正之"有如下例句,"之"都不指自己。

《墨子·天志下》："是故庶人不得次己而为正,有士正之;士不得次己而为正,有大夫正之。……"

《庄子·齐物论》："我果是也? 而果非也邪? ……吾谁使正之?"

《荀子·性恶》："以矫饰人之情性而正之。"

"S＋正己"有如下例句：

《孟子·尽心上》："有大人者,正己而物正者也。"

《荀子·非十二子》："率道而行,端然正己。"

《韩非子·观行》："故以道正己。"

"S＋正身"有如下例句：

《荀子·法行》："君子正身以俟,欲来者不距,欲去者不止。"

（4）洁

"S＋洁之"不见于先秦典籍。

"S＋洁己"有如下例句：

《论语·述而》:"人洁己以进。"

"S+洁身"有如下例句:

《晏子春秋·问上》:"洁身守道,不与世陷乎邪。"

根据这样的调查,我觉得,本章的"约之以礼"的"之"不可能指"自己"。

那么,本章的"约之以礼"该怎样理解呢?《论语译注》认为,按照毛奇龄说,则"约之以礼"就是平常所说的"由博返约"。这个看法值得商榷。"约之以礼"的"约"显然是"约束"义,是动词。"由博返约"的"约"是"精要"义,是形容词。"约(精要)之以礼"是说不通的,从这里无法得出"由博返约"的意思。

如果说"约之以礼"的"之"是指"文",那么,"礼"又如何约"文"呢?这样看又过于机械。古汉语中"之"的指代用法是很灵活的,不一定是指前面出现的一个名词。请看下面一段话:

《礼记·中庸》:"博学之,审问之,慎思之,明辨之,笃行之。"

这五个"之"都不是指称前面已经出现的事物,而是分别指"学""问""思""辨""行"的对象(见王力主编《古代汉语》第一册,2000)。而"学""问""思""辨""行"五者又紧密联系,王夫之《礼记章句》卷31:"程子曰:五者废其一非学也。""学"的过程也包括践行。黄式三《论语后案》说:"约之以礼,谓行其所学,必节之以礼也。"这样理解是对的。所以,"博学于文,约之以礼"是说:要广泛地学文,并以礼来约束对"文"学习和践行的过程。

第三章　孔子及其时代

一

孔子所处的时代，是一个社会大变动的时代。这在《论语》中就有反映。

16.2　孔子曰："天下有道，则礼乐征伐自天子出；天下无道，则礼乐征伐自诸侯出。自诸侯出，盖十世希不失矣；自大夫出，五世希不失矣；马曰：季文子初得政，至桓子五世，为阳虎所执。**陪臣执国命，三世希不失矣。天下有道，则政不在大夫。天下有道，则庶人不议。"**

16.3　孔子曰："禄之去公室五世矣，郑曰：言此之时，鲁定公之初。鲁自东门襄仲杀文公之子赤而立宣公，于是政在大夫，爵禄不从君出，至定公为五世。**政逮于大夫四世矣，**孔曰：文子、武子、悼子、平子。**故夫三桓之子孙微矣。**孔曰：三桓，谓仲孙、叔孙、季孙。三卿皆出桓公，故曰三桓也。"

在春秋时期，权力已从天子移到诸侯手中，又逐渐移到大夫手中，甚至是"陪臣执国命"。在鲁国，是大夫季氏专权。而且，季氏还有很多僭越的行为。孔子对此十分不满。

3.1 孔子谓季氏:"八佾舞于庭,是可忍也,孰不可忍也?"

3.6 季氏旅于泰山。子谓冉有曰:"女弗能救与?"对曰:"不能。"子曰:"呜呼!曾谓泰山不如林放乎?"

16.1 季氏将伐颛臾。冉有、季路见于孔子曰:"季氏将有事于颛臾。"孔子曰:"求!无乃尔是过与?夫颛臾,昔者先王以为东蒙主,且在邦域之中矣,是社稷之臣也。何以伐为?"冉有曰:"夫子欲之,吾二臣者皆不欲也。"孔子曰:"求!周任有言曰:'陈力就列,不能者止。'危而不持,颠而不扶,则将焉用彼相矣?且尔言过矣。虎兕出于柙,龟玉毁于椟中,是谁之过与?"冉有曰:"今夫颛臾,固而近于费。今不取,后世必为子孙忧。"孔子曰:"求!君子疾夫舍曰欲之而必为之辞。丘也闻有国有家者,不患寡而患不均,不患贫而患不安。盖均无贫,和无寡,安无倾。夫如是,故远人不服,则修文德以来之。既来之,则安之。今由与求也,相夫子,远人不服,而不能来也;邦分崩离析,而不能守也;而谋动干戈于邦内。吾恐季孙之忧,不在颛臾,而在萧墙之内也。"

当时,季氏的家臣阳货权力也很大。孔子对阳货也尽量回避:

17.1 阳货欲见孔子,孔子不见,归孔子豚。孔子时其亡也,而往拜之,遇诸涂。谓孔子曰:"来!予与尔言。"曰:"怀其宝而迷其邦,可谓仁乎?"曰:"不可。——好从事而亟失时,可谓知乎?"曰:"不可。——日月逝矣,岁不我与。"孔子曰:"诺。吾将仕矣。"

而到齐国的陈成子弑简公,他就要求鲁哀公出兵讨伐了:

14.21　陈成子弑简公。孔子沐浴而朝,告于哀公曰:"陈恒弑其君,请讨之。"公曰:"告夫三子!"孔子曰:"以吾从大夫之后,不敢不告也。君曰'告夫三子'者。"之三子告,不可。孔子曰:"以吾从大夫之后,不敢不告也。"

这件事,《左传》记载得更详细:

《左传·哀公十四年》:"甲午,齐陈恒弑其君壬于舒州。孔丘三日齐,而请伐齐三。公曰:'鲁为齐弱久矣。子之伐之,将若之何?'对曰:'陈恒弑其君,民之不与者半。以鲁之众,加齐之半,可克也。'公曰:'子告季孙。'孔子辞,退而告人曰:'吾以从大夫之后也,故不敢不言。'"

二

但是,《论语》记载,有两次叛臣召孔子,而孔子欲往。历来对这两段记载有很多争议。

(一) 第一次是公山弗扰召孔子

17.5　公山弗扰以费畔,召,子欲往。子路不说,曰:"末之也已,何必公山氏之之也?"子曰:"夫召我者,而岂徒哉? 如有用我者,吾其为东周乎?"(愚按:本章"末之也已"的标点与《论语译注》不同。)

【论语集解】孔曰:"弗扰为季氏宰,与阳虎共执季桓子,而召孔子。之,适也。无可之则止耳,何必公山氏之适也。"兴周道于东方,故曰东周。

【论语义疏】鲁在东,周在西,云"东周者",欲于鲁而兴周道,故云"吾其为东周"也。一云:周室东迁洛邑,故曰东周。

【论语笔解】韩曰:"……东周,平王东迁,能复修西周之政。志在周公典礼,不徒往也。……"李曰:"孔谓'兴周道于东方',失其旨矣。"

【论语注疏】如有用我道者,我则兴周道于东方,其使鲁为周乎!

【论语集注】弗扰,季氏宰,与阳货共执桓子,据邑以叛。末,无也。言道既不行,无所往矣,何必公山氏之往乎?岂徒哉,言必用我也。为东周,言兴周道于东方。

《二程遗书》卷十一:"东周之乱,无君臣上下。故孔子曰:如有用我者,吾其为东周乎?言不为东周也。"(颐)

孙奕《示儿编》:"乎,反辞也。言如有用我,则必兴起西周之盛,而肯复为东周之衰乎?"

【四书辨疑】旧疏言云弗扰即《左传》之公山不狃也,字子洩。……然《左传》或称不狃,或称子洩,未尝又称弗扰也。……然则以弗扰为不狃之说尚待别考也。

【四书考异】《左传》阳虎之畔,在定公八年。时公山不狃虽未著畔迹,而与季寤等共因阳虎,则季氏亦已料其畔矣。因于次年使人召孔子图之,孔子未果往,而不狃盘踞于费,季氏无如之何也。……《论语》"召"字上原无主名,旧解惟推测子路语,谓是公山氏名,实大误也。……《诗·黍离》正义引郑《论语》注曰:"敬王去王城而迁于成周,自是以后,谓王城为西周,成周为东周。……"孔子设言之时在敬王居成周后,故云为东周乎。"为"字实当作去声读,如《述而篇》"为卫君"之"为",犹言助也。夫子云"岂徒哉",言不徒制弗扰,如有用我,则将助周室申明君臣上下大义,即季氏辈并正之矣。

按:上引诸家之注有几点不同的解释:

1. 有的认为《论语》之公山弗扰即《左传》之公山不狃,但和《左传》所说的对不上;有的认为不是。

2. 有的认为"召"的主语是公山弗扰;有的认为是季氏,是季氏召孔子商议平公山弗扰之叛。

3. "吾其为东周乎?"有三种说法:①"其……乎"是表示自己的意愿,意思是将要"兴周道于东方"。②"其……乎"是表示反问,意思是"肯复为东周之衰乎"。③"为"读去声,"犹言助也",意思是"将助周室申明君臣上下大义,即季氏辈并正之矣"。

我们先看第 2、3 点。

第 2 点。认为是季氏召孔子。这种看法是为了维护孔子"圣人"的形象,认为孔子不可能应叛臣之召。但这显然不合文意。

第 3 点。"吾其……乎"表达的意思。从《论语集解》到《论语集注》都认为是将要"兴周道于东方",即认为"其……乎"是表示自己的意愿。宋代的程颐认为"言不为东周也",孙奕认为"肯复为东周之衰乎",即认为"其……乎"是表示反问。究竟哪一种对?

从意义来看,汉代的一些典籍都采用第一种说法。如:

《史记·孔子世家》:"(定公九年,孔子年五十,)公山不狃以费畔季氏,使人召孔子。孔子循道弥久,温温无所试,莫能己用,曰:'盖周文、武起丰、镐而王,今费虽小,傥庶几乎!'欲往。子路不悦,止孔子。孔子曰:'夫召我者,岂徒哉? 如用我,其为东周乎!'然亦卒不行。"

《盐铁论·褒贤》:"孔子曰:'如有用我者,吾其为东周乎!'庶几成汤、文、武之功,为百姓除残去贼,岂贪禄乐位哉?"

《说苑·至公》:"(孔子)喟然叹曰:'而有用我者,则吾其为东周乎!'故孔子行说,非欲身运德于一城,将欲舒之于天下,而建之于群生者耳。"

扬雄《法言·修身》:"鲁未能好问仲尼故也。如好问仲尼,则鲁作东周矣。"

《论衡·问孔》:"公山弗扰以费畔,召,子欲往。子路曰:'末如也已!何必公山氏之之也?'子曰:'夫召我者,而岂徒哉?如用我,吾其为东周乎?''为东周',欲行道也。"

从词句来看,《论语集解》等认为"其……乎"是表自己的意愿的,程颐等认为"其……乎"是表反问的。这两种用法先秦都有。但如果表反问,则需要一定的条件。下列句子都是表反问的:

(1)《论语·雍也》:"犁牛之子骍且角,虽欲勿用,山川其舍诸?"

(2)《周易·系辞下》:"既辱且危,死期将至。妻其可得见邪?"

(3)《左传·隐公十一年》:"天而既厌周德矣,吾其能与许争乎?"

(4)《左传·僖公五年》:"晋不可启,寇不可玩。一之谓甚,其可再乎?"

(5)《左传·宣公四年》:"谚曰:狼子野心。是乃狼也,其可畜乎?"

(6)《左传·昭公三年》:"谗鼎之铭曰:昧旦丕显,后世犹怠。况日不悛,其能久乎?"

（7）《国语·越语上》："子而思报父母之仇，臣而思报君之仇，其有敢不尽力者乎？"

（8）《国语·晋语七》："武子宣法以定晋国，至于今是用。文子勤身以定诸侯，至于今是赖。夫二子之德，其可忘乎？"

（9）《左传·僖公十年》："欲加之罪，其无辞乎？"

（10）《左传·宣公十二年》："王欲还，嬖人伍参欲战。令尹孙叔敖弗欲，曰：'……战而不捷，参之肉其足食乎？'"

这些例句，大多在"其……乎"前面都有一个或几个句子叙述某种情况 A，后接"其 B 乎"，合起来表示：既然有 A，难道能有 B 吗？也有一些例句前面没有情况 A，直接用"其 B 乎"反问，如例（9）和例（10）。那里的 B 不可能出现，是不言而喻的。本章的"吾其为东周乎"，和这两类反问句的条件都不合，所以，不应理解为反问句。

而且，程颐说"东周之乱"，孙奕说"肯复为东周之衰乎"，都是把"东周"看作一个时代，即平王东迁以后的周朝。实际上，本章的"东周"不能这样理解。在历史上，作为一个专有名词，"东周"表达三个概念：1. 地名。先指王城，后来指成周。《诗经·国风·黍离·序》郑笺："宗周，镐京也，谓之西周。周王城也，谓之东周。"孔颖达疏："《论语》孔子曰：'如有用我者，吾其为东周乎？'（郑玄）注云：'据时东周则谓成周。'为东周者，以敬王去王城而迁于成周，自是以后，谓王城为西周，成周为东周。"2. 国名。《史记·周本纪》司马贞《索隐》："考王封其弟于河南，为桓公。卒，子威公立。卒，子惠公立。长子曰西周公，又封少子于巩，仍袭父号，曰东周惠公。于是有东、西二周也。"3. 朝代名。周幽王以前为西周，平王东迁后为东周。《论语义疏》说，"一云周室东迁洛邑，故曰东周"，《论语笔解》说"东周,平王东迁",说的都是朝代。但第2、第3义都是晚起的,东、西周分为二国是在孔子之后,"东周"用作朝代更是在汉代以后。所以《论语》中的"东周"不可能指朝代。"吾其为东周乎"也不可能是"肯复为东周之衰乎"。

翟灏《四书考异》认为"为东周"是"将助周室申明君臣上下大义,即季氏辈并正之矣",即匡扶周天子,恢复"天下有道,则礼乐征伐自天子出"的局面,那倒是孔子的理想,但在当时绝不现实。孔子虽是个理想主义者,但考虑问题不可能这样不切实际。

再看第1点。如果公山弗扰不是《左传》的公山不狃,那就无法考察这件事的历史真相。如果公山弗扰就是《左传》的公山不狃,那么,拿《左传》所记的事来对照,却又和《论语》所说的"公山弗扰以费叛,召孔子"对不上。历史学家赵翼在《陔余丛考》卷四十三中说得很好:

> 《论语》之公山弗扰即《左传》之公山不狃也。《左传·定公五年》……公山不狃为费宰……是时不狃但怀怒而未怨季氏也。定公八年……(不狃等)五人因阳虎欲去三桓……是时不狃虽有异志,然但阴拘阳虎发难而已,实坐观成败于旁。故事发之后,阳虎、季寤皆逃,而不狃安然无恙,盖反形未露也,则不得谓之以费叛也。至其以费叛之岁,则在定公十二年。仲由为季氏宰,将堕三都。叔孙先堕郈,季孙将堕费,于是不狃及公孙辄帅费人以袭鲁。……而是时孔子已为司寇,方助公使申句须等伐而逐之,岂有欲赴其召之理?

《左传》提到公山不狃三次,第一次在定公五年,第二次在定公八年,那两次公山不狃都为费宰且未叛。第三次在定公十二年,公山不狃确实是以费叛,但那时孔子为鲁国的司寇,助鲁君讨伐公山

不狃,不可能应公山不狃之召。赵翼接着说:

> 世人读《论语》,童而习之,遂深信不疑,而不复参考《左
> 传》,其亦陋矣。……战国及汉初人书所载孔子遗言轶事甚
> 多,《论语》所记本亦同此记载之类,齐鲁诸儒讨论而定,始谓
> 之《论语》。语者,圣人之遗语;论者,诸儒之讨论也。于杂记
> 圣人言行真伪错杂中取其纯粹,以成此书,固见其有识,然安
> 必无一二滥收者? 固未可以其载在《论语》,而遂一一信以为
> 事实也。

赵翼对《论语》书名的解释和我们不同,但他对《论语》的成书
过程的看法是正确的,他认为《论语》所载也不完全可信,这也是对
的。我们读《论语》应该抱这种态度。

(二) 第二次是佛肸召

**17.7　佛肸召,子欲往。子路曰:"昔者由也闻诸夫子曰:
'亲于其身为不善者,君子不入也。'佛肸以中牟畔,子之往也,
如之何?"子曰:"然。有是言也。不曰坚乎,磨而不磷;不曰白
乎,涅而不缁。吾岂匏瓜也哉? 焉能系而不食?"**

《左传》《史记》有关的记载是:

> 《左传·哀公五年》:"夏,赵鞅伐卫,范氏之故也,遂围
> 中牟。"

> 《史记·孔子世家》:"佛肸为中牟宰。赵简子攻范、中行,
> 伐中牟。佛肸畔,使人召孔子。"

《墨子》也记载佛肸以中牟叛之事,而且认为佛肸是孔子的"徒
属":

> 《墨子·非儒下》:"孔某所行,心术所至也。其徒属弟子

皆效孔某。子贡、季路辅孔悝乱乎卫,阳货乱乎齐,佛肸以中
牟叛,柒雕刑残,莫大焉。"(毕沅以为"莫"上脱一字。)

可见,"佛肸以中牟叛"是可信的。那么,孔子为什么欲往呢?

【四书考异】简子挟晋侯以攻范、中行,佛肸为范、中行家
邑宰,因简子致伐距之,于晋为叛,于范、中行犹为义也。且圣
人神能知几,范、中行灭,则三分晋地之势成,三分晋地之势
成,则大夫自为诸侯之祸起。

意思是孔子欲往是为了阻止三家分晋,防止大夫自为诸侯。
这正如刘宝楠《论语正义》所说:"翟说太深,反失圣意。"

【论语注疏】此章亦言孔子欲不择地而治也。(邢疏在
"公山弗扰"章已经说过,"孔子欲不择地而治也",所以这里用
一"亦"字。)

这是对的。孔子自己说:"吾岂匏瓜也哉? 焉能系而不食?"意
思已经很清楚。孔子虽然对权力下移不满,但他也看到现实的情
况:要实现自己的主张,必须要有权的人物加以采纳。所以有人
召他,他就愿往。这是孔子一种矛盾的心态。

三

在《左传》中,还记载了孔子对当时两件大事的态度。一是晋
国铸刑鼎,一是鲁国用田赋。

(一) 铸刑鼎

《左传·昭公二十九年》:冬,晋赵鞅、荀寅帅师城汝滨,
遂赋晋国一鼓铁,以铸刑鼎,著范宣子所为刑书焉。仲尼曰:

"晋其亡乎！失其度矣。杜注：度，位次也。夫晋国将守唐叔之所受法度，以经纬其民，卿大夫以序守之，民是以能尊其贵，贵是以能守其业。贵贱不愆，所谓度也。文公是以作执秩之官，为被庐之法，杜注：僖二十七年文公蒐被庐，修叔唐之法。以为盟主。今弃是度也，而为刑鼎，民在鼎矣，何以尊贵？杜注：弃礼征书，故不尊贵。贵何业之守？贵贱无序，何以为国？且夫宣子之刑，夷之蒐也，晋国之乱制也，杜注：范宣子所为刑，乃夷蒐之法也。夷蒐在文六年，一蒐而三易中军帅，贾季、箕郑之徒遂作乱，故曰乱制。若之何以为法？"

孔子反对铸刑鼎，一方面是因为刑鼎上铸的范宣子刑书不是晋国原有的法。晋国原来用的是其始祖叔唐之法，后来晋文公加以修改，作被庐之法，现在范宣子的刑书改变了这些原有的法，孔子不赞成。主要是因为把刑法公布在鼎上，孔子认为这是"失其度"。什么是"度"？"贵贱不愆，所谓度也。"原来是"卿大夫以序守之"，对刑法的解释权在于卿大夫，所以"民是以能尊其贵，贵是以能守其业"，所以贵贱有序。现在刑法铸在鼎上，"民在鼎矣"（"在"是"察"的意思），民不尊贵，贵不守业，所以是"贵贱无序"了。贵贱的等级次序是孔子所说的"礼"的主要内容，贵贱无序了，孔子怎么能不反对呢？

其实，铸刑书是当时的大趋势，早在鲁昭公六年，郑国的子产就铸了刑书：

《左传·昭公六年》：三月，郑人铸刑书。叔向使诒子产书，曰："始吾有虞于子，今则已矣。昔先王议事以制，不为刑辟，惧民之有争心也。犹不可禁御，是故闲之以义，纠之以政，行之以礼，守之以信，奉之以仁；制为禄位，以劝其从；严断刑罚,以威其淫。惧其未也,故诲之以忠,耸之以行,教之以务,使之以和,临之以敬,莅之以强,断之以刚;犹求圣哲之上、明察之官、忠信之长、慈惠之师,民于是乎可任使也,而不生祸乱。民知有辟,则不忌于上。并有争心,以征于书,而徼幸以成之,弗可为矣。夏有乱政,而作禹刑;商有乱政,而作汤刑;周有乱政,而作九刑:三辟之兴,皆叔世也。今吾子相郑国,作封洫,立谤政,制参辟,铸刑书,将以靖民,不亦难乎?《诗》曰:'仪式刑文王之德,日靖四方。'又曰:'仪刑文王,万邦作孚。'如是,何辟之有? 民知争端矣,将弃礼而征于书,锥刀之末,将尽争之。乱狱滋丰,贿赂并行。终子之世,郑其败乎?肸闻之:'国将亡,必多制',其此之谓乎!"复书曰:"若吾子之言——侨不才,不能及子孙,吾以救世也。既不承命,敢忘大惠!"

当时晋国的政治家叔向表示反对,他的理由和孔子一样:"民知有辟(法),则不忌于上。并有争心,以征于书。""民知争端矣,将弃礼而征于书,锥刀之末,将尽争之。乱狱滋丰,贿赂并行。"子产礼貌地回答了他:"既不承命,敢忘大惠!"

对子产铸刑鼎,孔子没有发表意见(或者是文献没有记载)。但对于子产,孔子是有评价的。《左传》中提及两次:

《左传·襄公三十一年》:"郑人游于乡校,以论执政。然明谓子产曰:'毁乡校何如?'子产曰:'何为? 夫人朝夕退而游焉,以议执政之善否。其所善者,吾则行之;其所恶者,吾则改之,是吾师也。若之何毁之? 我闻忠善以损怨,不闻作威以防怨。岂不遽止? 然犹防川。大决所犯,伤人必多,吾不克救也。不如小决使道,不如吾闻而药之也。'然明曰:'蔑也今而后知吾子之信可事也。小人实不才，若果行此，其郑国实赖之，岂唯二三臣？'仲尼闻是语也，曰：'以是观之，人谓子产不仁，吾不信也。'"

《左传·昭公二十年》："郑子产有疾，谓子大叔曰：'我死，子必为政。唯有德者能以宽服民，其次莫如猛。夫火烈，民望而畏之，故鲜死焉；水懦弱，民狎而玩之，则多死焉，故宽难。'疾数月而卒。大叔为政，不忍猛而宽。郑国多盗，取人于崔苻之泽。大叔悔之，曰：'吾早从夫子，不及此。'兴徒兵以攻崔苻之盗，尽杀之，盗少止。仲尼曰：'善哉！政宽则民慢，慢则纠之以猛。猛则民残，残则施之以宽。宽以济猛，猛以济宽，政是以和。……'及子产卒，仲尼闻之，出涕曰：'古之遗爱也。'"

在《论语》中，孔子对子产也有评价：

5.16　子谓子产："有君子之道四焉：其行己也恭，其事上也敬，其养民也惠，其使民也义。"

14.9　或问子产。子曰："惠人也。"

把这些评价综合起来看，孔子主要是肯定子产的仁爱。《广雅·释诂》："惠，爱，仁也。""其养民也惠。""惠人也。""古之遗爱也。"都是说子产对民有仁爱之心。子产确实是我国古代一位伟大的政治家，他的"防民之口甚于防川"的见解，是我国古代政治思想的宝贵遗产，是我们应当继承的。孔子肯定子产，说明他和子产的思想有相通之处。

（二）用田赋

《左传·哀公十一年》："季孙欲以田赋，杜注：丘赋之法，因其田财，通出马一匹，牛三头。今欲别其田及家财，各为一赋，故言田赋。使冉有访诸仲尼。仲尼曰:'丘不识也。'三发,卒曰:'子为国老,待子而行,若之何子之不言也?'仲尼不对,而私于冉有曰:'君子之行也,度于礼:施取其厚,事举其中,敛从其薄。如是,则以丘亦足矣。杜注:丘,十六井,出戎马一匹、牛三头,是赋之常法。若不度于礼,而贪冒无厌,则虽以田赋,将又不足。且子季孙若欲行而法,则周公之典在;若欲苟而行,又何访焉?'弗听。"

《左传·哀公十二年》:"春,用田赋。"

此事《国语》也有记载:

《国语·鲁语下》:"季康子欲以田赋,韦注:田赋,以田出赋也。贾侍中云:田,一井也。周制,十六井赋戎马一匹,牛三头,一井之田,而欲出十六井之赋也。昭谓:此数甚多,似非也。下虽云收田一井,凡数从夫井起,故云井耳。使冉有访诸仲尼。仲尼不对,私于冉有曰:'求来!女不闻乎?先王制土,籍田以力,而砥其远迩;赋里以入,而量其有无;任力以夫,而议其老幼。于是乎有鳏寡孤疾,有军旅之出则征之,无则已。其岁,收田一井,出稯禾、秉刍、缶米,不是过也。先王以为足。若子季孙欲其法也,则有周公之籍矣;韦注:籍田之法,周公所制也。若欲犯法,则苟而赋,又何访焉!'"

据《春秋》记载,鲁国在宣公十五年"初税亩",据杜预注,为十取其二。

《春秋·宣公十五年》:"初税亩。"杜注:"公田之法,十取其一。今又履其余亩,复十收其一。故哀公曰:'二吾犹不足。'遂以为常,故曰初。"

《左传·宣公十五年》:"初税亩,非礼也。谷出不过籍,杜

注：周法：民耕百亩，公田十亩，借民力而治之，税不过此。以丰财
也。"正义：言非礼，乃据正礼言。谷出不过藉，则知所税亩者是藉外更
税，故杜氏为十一外更十取一。且以哀公之言验之，知十二而税自此
始也。

以后这种什二之税就延续下来，直到哀公十一二年，改用
田赋。

什么是"田赋"，历来众说纷纭，莫衷一是。杜预注把它联系到
《论语》中哀公和有若的对话，认为"初税亩"是十取其二。《论语》
中有关的篇章是这样的：

12.9 哀公问于有若曰："年饥，用不足，如之何？"有若对
曰："盍彻乎？"郑曰："盍，何不也。周法什一而税谓之彻，彻，通也，为
天下之通法。"**曰："二，吾犹不足，如之何其彻也？"**孔曰："二谓什
二而税。"**对曰："百姓足，君孰与不足？ 百姓不足，君孰与足？"**
孔曰：孰，谁也。

郑玄对"彻"的解释是根据《孟子》：

《孟子·滕文公上》："夏后氏五十而贡，殷人七十而助，周
人百亩而彻，其实皆什一也。"

鲁哀公和有若这一段对话是在什么时候？《论语》没有说。刘
宝楠《论语正义》说：

愚谓此问当在十二年用田赋之前。……若在哀十二年
后，则与"二，吾犹不足"之文不合。

他的意思是：鲁国在宣公十五年"初税亩"之后就是什二之
税，一直实行到"用田赋"之前。后来哀公认为什二之税还不够，还
要进一步加税，所以在哀公十二年就"用田赋"了。

如果按此解释，那么孔子反对"用田赋"，是反对收比什二之税

更重的税。究竟"田赋"是如何征收,由于资料缺乏,现在无法说清。

《论语》中还有一章,也与"用田赋"有关:

11.17 季氏富于周公,而求也为之聚敛而附益之。子曰:"非吾徒也。小子鸣鼓而攻之,可也。"

"求也为之聚敛而附益之"究竟指什么事,本章没有说。但《孟子》说到此事:

> 《孟子·离娄上》:"孟子曰:求也为季氏宰,无能改于其德,而赋粟倍他日。孔子曰:'求非我徒也,小子鸣鼓而攻之,可也。'"

里面说到了"赋粟倍他日",可见和田赋有关。

翟灏《四书考异》说:"鲁自宣公税亩田赋倍,已富厚于周公矣。及此而冉有复为季氏访问田赋,即所谓'为之聚敛而附益'也。"焦循《孟子正义》说:《孟子》的"赋粟倍他日,即指季氏用田赋"。他们的看法是对的。

和反对铸刑鼎一样,孔子的理由首先是要维护"周公之典"(也就是他的弟子有若所说的"彻",即什一之税),但同时,也还是希望"施取其厚,敛从其薄"。这种"惠民"的政治理念,我们在第四章再详细讨论。

孔子对于当时社会变革的态度是偏于保守的。他不是一位主张变革的政治家,他不是像商鞅那样被载入史册的。但作为一位伟大的思想家、教育家,孔子在中国历史和世界历史上首屈一指的地位和影响是毋庸置疑的。第四到第七章我们就将根据《论语》来讨论孔子的思想。

四

在本章的最后，我们讨论《论语·卫灵公》中"在陈绝粮"一章的注和《史记》的有关记载。

15.2 在陈绝粮，从者病，莫能兴。子路愠见曰："君子亦有穷乎?"子曰："君子固穷，小人穷斯滥矣。"

【论语集解】孔曰："从者，弟子。兴，起也。孔子去卫如曹，曹不容，又之宋，遭匡人之难。又之陈，会吴伐陈，陈乱，故乏食。滥，溢也。君子固亦有穷时，但不如小人穷则滥溢为非。"

《史记·孔子世家》有关的记载是：

《史记·孔子世家》："孔子迁于蔡三岁，吴伐陈。楚救陈，军于城父。闻孔子在陈蔡之间，楚使人聘孔子。孔子将往拜礼，陈蔡大夫谋曰：'孔子贤者，所刺讥皆中诸侯之疾。今者久留陈蔡之间，诸大夫所设行皆非仲尼之意。今楚，大国也，来聘孔子。孔子用于楚，则陈蔡用事大夫危矣。'于是乃相与发徒役围孔子于野。不得行，绝粮。从者病，莫能兴。孔子讲诵弦歌不衰。子路愠见曰：'君子亦有穷乎?'孔子曰：'君子固穷，小人穷斯滥矣。'……于是使子贡至楚。楚昭王兴师迎孔子，然后得免。"

实际上，这两者是有矛盾的。

根据《史记·孔子世家》，孔子自鲁定公十四年去鲁，开始周游列国，至哀公八年返鲁。其间的行程为：

"(定十四年)孔子遂适卫,……居十月,去卫。""将适陈,过匡,……匡人于是遂止孔子。……孔子使从者为宁武子臣于卫,然后得去。""去即过蒲。月余,反乎卫。……居卫月余,……去卫,过曹。是岁,鲁定公卒。""孔子去曹适宋,……桓魋欲杀孔子。""孔子适郑。""孔子遂至陈。……岁余,吴王夫差伐陈。……楚围蔡,蔡迁于吴。""孔子居陈三岁。会晋楚争强,更伐陈,及吴侵陈,陈常被寇。孔子曰:'归与归与!吾党之小子狂简,进取不忘其初。'于是孔子去陈。""过蒲,……蒲人止孔子。……孔子遂适卫。""灵公老,怠于政,不用孔子。……孔子行。""孔子既不得用于卫,将西见赵简子。至于河而闻窦鸣犊、舜华之死也,……而反乎卫。""他日,灵公问兵陈。……孔子遂行,复如陈。""秋,……桓子卒,康子代立。已葬,欲召仲尼。""明年,孔子自陈迁于蔡。""明年,孔子自蔡如叶。""去叶,反于蔡。""孔子迁于蔡三岁,(愚按:下文即上引一段)""其秋,楚昭王卒于城父。""于是孔子自楚反乎卫。是岁也,孔子年六十三,而鲁哀公六年也。""其明年,……卫君欲得孔子而为政。""其明年,……会季康子……以币迎孔子,孔子归鲁。"

据此,孔子在陈有三次:(1)"孔子适郑。""孔子遂至陈。"此为哀公元年。"孔子居陈三岁。"(2)后去陈适卫。"他日,灵公问兵陈。……孔子遂行,复如陈。"此为哀公三年。(3)"孔子自陈迁于蔡。""孔子迁于蔡三年。""闻孔子在陈蔡之间,楚使人聘孔子。……(陈蔡大夫)于是乃相与发徒役围孔子于野。不得行,绝粮。从者病,莫能兴。"此为哀公六年。

那么,"在陈绝粮"是在哪一次?

据孔安国注，"孔子去卫如曹，曹不容，又之宋，……又之陈。"是在第一次。而《史记·孔子世家》："闻孔子在陈蔡之间，……于是乃相与发徒役围孔子于野。不得行，绝粮。从者病，莫能兴。"则是在第三次。

清代学者已经指出孔安国注和《史记·孔子世家》的矛盾，也指出两者的叙述本身的矛盾：

> 刘宝楠《论语正义》评论孔安国注说："'孔子去卫如曹'云云，据《世家》则在定十四、十五两年。至吴伐陈，陈乱，则在哀元年。《世家》云：'孔子去卫过曹，去曹适宋，与弟子习礼大树下。宋司马桓魋欲杀孔子，拔其树。孔子去，适郑，至陈，主司城贞子家。'然则去宋之后，尚有适郑一节，注不备耳。但由郑至陈，不由蔡地，与'陈、蔡之间'之文不合。又在宋遭桓魋之难，与匡人无涉。孔注并误。"

刘宝楠指出，按照孔注，"在陈绝粮"的时间当在哀公元年。孔注之误为：(1) 直接说"又之宋""又之陈"，中间没有提到"适郑"。(2) 说"又之宋，遭匡人之难"，实际上"遭匡人之难"在前，"(宋)桓魋欲杀孔子"在后，两者不是一回事。

> 梁玉绳《史记志疑》："案：朱子序说云：'是时陈、蔡臣服于楚，若楚王来聘孔子，陈、蔡大夫安敢围之。据《论语》绝粮当在去卫如陈之时。'(谓蔡服楚微有不合。)《经史问答》云：'当时楚与陈睦，而蔡全属吴，迁于州来，与陈远。且陈事楚蔡事吴，则雠国矣，安得二国之大夫合谋乎？且哀公六年(各本徐广注讹以哀公六年为"四年")，吴志在灭陈，楚昭至誓死以救之，陈之仗楚何如，感楚何如，而敢围其所用之人乎？乃知陈、蔡兵围之说，盖《史记》之妄；而绝粮则以陈之被兵，孔注可

信。'(孔安国《论语注》谓绝粮乃孔子初次适陈时事。)然则楚昭之聘,亦为虚语。(说在后。)而孔子厄于陈、蔡,孟子以为无上下之交,必去之惟恐不及,所云可速则速也。乃自定十五年至哀六年,徘徊陈、蔡,一至再至,毋乃非危邦不入、乱邦不居之义乎?未识当时情事若何,参考无由,深所难晓。"

梁玉绳主要质疑的是《史记》对"在陈绝粮"一事的记载。他引用全祖望《经史问答》的话说,当时"陈事楚蔡事吴",陈、蔡两国是敌国,两国大夫不可能合谋。而且,陈依赖楚国,如果是楚昭王欲聘孔子,陈国不可能以兵围之。所以,"在陈绝粮"当如孔注所说,应是孔子"初次适陈时事","绝粮"是因为当时"陈之被兵",即孔注说的"会吴伐陈,陈乱,故乏食",而并非《史记》所说的"陈、蔡兵围"。

如果"绝粮"是因为"乏食"而"绝粮",而且到了"从者病,莫能兴"的地步,那么,后来是谁给他们送来粮食呢?梁玉绳说:"未识当时情事若何,参考无由,深所难晓。"确实,由于资料缺乏,后人难以全部恢复当时真实的历史面貌。我们讨论这个问题的目的也并不在此,而是强调一个问题:我们读《论语》时,不能完全信从旧注或《史记》等记载,而是要多看一些资料,对问题作全面的、综合的考察。

第四章　孔子"仁"的思想

"仁"是孔子的核心思想,是孔子对中国思想史的最大贡献。

"仁"字在今文《尚书》中只出现一次:《金縢》:"予仁若考。"俞樾认为应读为"予佞而巧"。《诗经》中无"仁"字。《周易》中"仁"10见,出现在《文言》、复卦象辞、《系辞》和《说卦》中,时代都比《论语》晚。《老子》三十八章:"故失道而后德,失德而后仁,失仁而后义,失义而后礼。"显然是在《论语》之后。尽管在孔子以前,在古书上就已经有"克己复礼,仁也"的记载(见下面所引《左传·昭公十二年》),但把"仁"作为一个重要的思想道德范畴提出来并加以充分阐发,则是孔子的贡献。孔子"仁"的思想的重要意义应由研究中国哲学史的专家来阐述。本书主要是从语言文字的角度来讨论一些有关的问题。

一

什么是"仁"? 在《论语》中,孔子的学生多次向他问仁,孔子也有多次回答。

在这些回答中,最受人注意的是下面一章:

12.1 颜渊问仁。子曰:"克己复礼为仁。一日克己复礼,天下归仁焉。为仁由己,而由人乎哉?"颜渊曰:"请问其目。"子曰:"非礼勿视,非礼勿听,非礼勿言,非礼勿动。"颜渊曰:"回虽不敏,请事斯语矣。"

【论语集解】马曰:"克己,约身也。"孔曰:"复,反也。身能反礼,则为仁矣。"马曰:"一日犹见归,况终身乎?"孔曰:"行善在己,不在人也。"

【论语义疏】言若能自约俭己身,反返于礼中,则为仁也。……言人君若能一日克己复礼,则天下之民咸归于仁君也。

【论语注疏】子曰"克己复礼为仁"者,"克",约也。"己",身也。"反",复也。能约身复礼则为仁矣。"一日克己复礼,天下归仁焉"者,言人君若能一日行克己复礼,则天下皆归此仁德之君也。……此注"克"训为"约"。刘炫曰:"'克'训'胜'也,'己'为'身'也。身有嗜欲,当以礼仪齐之。嗜欲与礼仪战,使礼仪胜其嗜欲,身得复归于礼,如是乃为仁也。"

【论语集注】仁者,本心之全德。克,胜也。己,谓身之私欲也。复,反也。礼者,天理之节文也。为仁者,所以全其心之德也。盖心之全德,莫非天理,而亦不能不坏于人欲。故为仁者必有以胜私欲而复于理,则事皆天理,而本心之德复全于我矣。归,犹与也。又言一日克己复礼,则天下之人皆与其仁,极言其效之甚速而至大也。又言为仁由己而非他人所能预,又见其机之在我而无难也。日日克之,不以为难,则私欲净尽,天理流行,而仁不可胜用矣。程子曰:"非礼处便是私意。既是私意,如何得仁?须是克尽己私,皆归于礼,方始是仁。"

【论语稽求篇】夫子是语本引成语。《春秋》昭十二年,楚灵王闻《祈招》之诗,不能自克,以及于难。夫子闻之,叹曰:"古也有志,克己复礼,仁也。楚灵王若能如此,岂其辱于乾谿?"据此,则克己复礼本属成语,夫子一引之以叹楚王,一引之以告颜子。虽此间无解,而在《左传》则明有"不能自克",作"克己"对解。克者,约也,抑也。己者,自也。……"归仁"即"称仁",与上句"为仁""为"字同。《礼记·哀公问》:"君子也者,人之成名也。百姓归之,名谓之。"则百姓之归亦只是名谓之义。

【四书改错】马融以约身为克己,从来说如此。唯刘炫曰"克者,胜也",此本扬子云"胜己之私谓之克"语,然"己"不是私,必从"己"下添"之私"二字,原是不安。至程氏直以己为私,致朱注谓"身之私欲",别以"己"上添"身"字,而专以"己"字属私欲。于是宋后字书皆注"己"作"私",引《论语》"克己复礼"为证,则诬甚矣。毋论字义无此,即以本文言,现有"为仁由己""己"字在下,而一作"身"解,一作"私"解,其可通乎?

【论语正义】《汉书·王莽传赞》:"宗族称孝,师友归仁。"《后汉书·郎𫖮传》:"昔颜渊十八,天下归仁。"并以"归仁"为"称仁"。

【论语新解】**天下归仁焉**　一说"归"犹"与",言能一日克己复礼,则天下之人莫不归与其仁。……即如所解,当云"天下归仁矣"。今言"归仁焉","焉"有"于此""于彼"之义。言天下于此归仁,原意当为苟能一日克己复礼,即在此处,便见天下尽归入我之仁心中。

【论语译注】归仁——"称仁"的意思,说见毛奇龄《论语稽求篇》。朱熹《集注》谓"归犹与也",也是此意。

【论语今注】归,当"称许"解。礼让之效,既广且速,若能一天克己复礼,则天下之人皆敬而仰之,称许其为仁人了。

本章是孔子对他最看重的弟子颜渊的回答,而且回答得很详细,所以历来都很重视,有不少注释。这些注释的分歧在于:

(一)"克己"是什么意思?

《论语集解》《论语义疏》《论语注疏》都解释为"约束自己"。《论语注疏》引隋刘炫《论语述义》训"克"为"胜",把"克己"解释为"胜其嗜欲"。到宋代朱熹把"克己"的"己"解释为"身之私欲",把"礼"解释为"天理之节文",把"克己复礼"解释为"克去己私,复此天理"(《朱子语类》卷四十一)。清代毛奇龄反驳其说,他认为"克己复礼"本属成语。"古也有志"是说古书上有此记载,孔子是引用古书来表达自己的意思。而且在叹楚王时,是针对楚王"不能自克"而引的,可见"克己"就是"自克",克制自己。而在本章中,"克己"的"己"和下文"为仁由己"的"己"是同一个,不应作不同解释。我认为毛奇龄的意见是对的。毛奇龄引用《左传》很简略,为了帮助读者了解"克己复礼"的意思,我们把《左传》有关的全文引在下面,并略加解说:

《左传·昭公十二年》:楚子次于乾谿,以为之援。雨雪,王皮冠,秦复陶,翠被,豹舄,执鞭以出。仆析父从,右尹子革夕。王见之,去冠、被,舍鞭,与之语曰:"昔我先王熊绎与吕伋、王孙牟、燮父、禽父并事康王,四国皆有分,我独无有。今吾使人于周,求鼎以为分,王其与我乎?"对曰:"与君王哉!昔我先王熊绎辟在荆山,筚路蓝缕以处草莽,跋涉山林以事天子,唯是桃弧、棘矢,以共御王事。齐,王舅也;晋及鲁、卫,王母弟也。楚是以无分,而彼皆有。今周与四国服事君王,将唯命是从,岂其爱鼎?"王曰:"昔我皇祖伯父昆吾,旧许是宅。今郑人贪赖其田,而不我与。我若求之,其与我乎?"对曰:"与君王哉!周不爱鼎,郑敢爱田?"王曰:"昔诸侯远我而畏晋。今我大城陈、蔡、不羹,赋皆千乘,子与有劳焉。诸侯其畏我乎?"对曰:"畏君王哉!是四国者,专足畏也。又加之以楚,敢不畏君王哉?"工尹路请曰:"君王命剥圭以为鏚柲,敢请命。"王入视之。析父谓子革:"吾子,楚国之望也。今与王言如响,国其若之何?"子革曰:"摩厉以须,王出,吾刃将斩矣。"王出,复语。左史倚相趋过,王曰:"是良史也,子善视之!是能读《三坟》《五典》《八索》《九丘》。"对曰:"臣尝问焉:昔穆王欲肆其心,周行天下,将皆必有车辙马迹焉。祭公谋父作《祈招》之诗以止王心,王是以获没于祇宫。臣问其诗而不知也。若问远焉,其焉能知之?"王曰:"子能乎?"对曰:"能。其诗曰:'祈招之愔愔,式昭德音。思我王度,式如玉,式如金。形民之力,而无醉饱之心。'"王揖而入,馈不食,寝不寐,数日,不能自克,以及于难。

仲尼曰:"古也有志:'克己复礼,仁也。'信善哉!楚灵王若能如是,岂其辱于乾谿?"

这段文章的大意是:楚灵王和大臣子革对话,灵王说:"楚的先王有功于周天子,现在我向周天子要鼎,周天子会给我吗?"子革说:"会给的!"灵王说:"我的先祖原住在许地,现在许地为郑国所占。我向郑国要地,郑国会给我吗?"子革说:"会给的!"灵王说:"从前诸侯都怕晋国,现在楚强大了,诸侯会怕我吗?"子革说:"会怕的!"灵王出去了,另一个大臣析父责备子革一味附和灵王,子革说:"我磨快了刀刃在等着。"等灵王回来,子革就对他说:周穆王放纵其心,他的大臣作《祈招》之诗来制止他,《祈招》说:君主要"形民之力,而无醉饱之心"。灵王听了,有几天馈不食,寝不寐,但最后"不能自克"。次年楚国发生叛乱,灵王自缢于乾谿。孔子对此事发表评论,引用了古语"克己复礼,仁也"。

可见,"克己"就是约束自己。

那么,"克己"和"复礼"是什么关系?《论语·子罕》:"颜渊喟然叹曰:'仰之弥高,钻之弥坚;瞻之在前,忽焉在后。夫子循循然善诱人,博我以文,约我以礼。'""克己复礼"就是"约己以礼",以礼来约束自己,使自己的言行返回到礼。这个"礼"不是具体的礼仪,而是"不学礼,无以立"的"礼",是人们立身行事的根本准则,特别是人际关系的根本准则。

(二)"一日克己复礼,天下归仁焉"如何解释?

《论语义疏》和《论语注疏》都解释为:人君能克己复礼,则天下归此仁君。这是把"归"解释为归附。这显然不对,因为本章不是说人君要克己复礼。朱熹《论语集注》把"归"解释为"与",整句解释为"一日克己复礼,则天下之人皆与其仁";"与"为"赞许"之意,"天下之人皆与其仁"是说"天下之人皆赞许其仁"。但"归"为什么能解释为"与"?朱熹并无论证。毛奇龄《论语稽求篇》和刘宝楠《论语正义》认为,"归仁"即"称仁",杨伯峻《论语译注》赞同这个意见。《论语稽求篇》举了《礼记·哀公问》之例作证。《哀公问》原文为:

> 君子也者,人之成名也。百姓归之名,谓之君子之子,是使其亲为君子也。

毛奇龄对《礼记》原文句读理解有误,但他认为"归仁"即"称仁",这是对的。

《论语正义》举了《汉书》《后汉书》的例子作证(见上引),这两个例句说明汉代人把"归仁"理解为"称仁"。

比较而言,把"归仁"解释为"称仁"还是比较有根据的。

钱穆别作新解,认为"'焉'有'于此''于彼'之义。言天下于此归仁,原意当为苟能一日克己复礼,即在此处,便见天下尽归入我之仁心中。"这个解释有两个问题:一,"天下尽归入我之仁心中",整部《论语》没有这种思想。"万物皆备于我"是战国时期孟子的思想。二,对"焉"的解释不妥。此处的"焉"不是"于此""于彼"之义,只是表语气。如《诗经·唐风·扬之水》序:"昭公分国以封沃。沃盛强,昭公微弱,国人将叛而归沃焉。"这个"焉"无法用"于此""于彼"解释。即使是有"于此""于彼"义的"焉",其"于此""于彼"义也只能用在"归仁"之后,不能用在"归仁"之前。如《论语·尧曰》:"兴灭国,继绝世,举逸民,天下之民归心焉。"只能是"归心于君",而不能是"于君归心"。"即在此处,便见天下尽归入我之仁心中",先秦无此表达法。所以,钱说并不可取。

二

《论语》12.2 和 12.1 紧挨着,两章可以一起读。13.19 也是问仁,而且内容和 12.2 大致相同。

12.2　仲弓问仁。子曰:"出门如见大宾,使民如承大祭。己所不欲,勿施于人。在邦无怨,在家无怨。"仲弓曰:"雍虽不

敏,请事斯语矣。"

13.19 樊迟问仁。子曰:"居处恭,执事敬,与人忠。虽之夷狄,不可弃也。"

这里主要讨论 12.2 的"在邦无怨,在家无怨"。

【论语集解】包曰:"'在邦',为诸侯。'在家',为卿大夫。"

【论语义疏】既出门及使民皆敬,又恕己及物三事并足,故为民人所怀,无复相怨者也。

【论语注疏】若在邦为诸侯必无人怨,在家为卿大夫亦无怨也。

【论语集注】内外无怨,亦以其效言之,使以自考也。

【论语正义】《左傳三十三年传》:"晋白季曰:臣闻之:'出门如宾,承事如祭。'仁之则也。"亦古有此语,而白季及夫子引之。……在邦,谓仕于诸侯之邦。在家,谓仕于卿大夫之家。……在邦在家无怨者,言仁者爱人,故人亦爱之,无可复怨也。

【论语新解】无怨,旧说谓是为仁之效。疑当如"求仁得仁又何怨"之义。乃指不怨天不尤人,无论在邦在家皆无怨。非人不怨己,乃己不怨人。

【论语今注】在邦,是出仕于诸侯之国。在家,是穷居在自己家中。无怨,是"不怨天,不尤人"之意。

这一章的注释,分歧有两点:

1. 从《论语集解》到《论语注疏》都把"在邦"解释为"为诸侯",把"在家"解释为"为卿大夫"。《论语今注》解释为"出仕于诸侯之国"和"穷居在自己家中"。刘宝楠《正义》解释为"仕于诸侯之邦",

"仕于卿大夫之家"。愚按：刘注是。

2. 古注都以为"无怨"为人不怨己，如朱熹《论语集注》所说，"亦以其效言之"。在 12.1 中，朱熹把"天下归仁"解释为"天下之人皆与其仁，极言其效之甚速而至大也"。所以在 12.2 中说"亦以其效言之"。钱穆既不同意朱熹对 12.1 的解释，所以这里也不同意把"无怨"解释为"为仁之效"，而另作新解。愚按，钱说不可取，如果"无怨"是指"不怨天不尤人"，何必分"在邦""在家"来说？"在邦无怨，在家无怨"是说无论在邦在家均无人怨恨，这才通顺。

三

《论语》中另一处对"仁"的定义是：

12.22　樊迟问仁。子曰："爱人。"

这一章的回答虽然很简短，但很重要。"仁"的语源就是"人"。《说文》："仁，亲也。从人，从二。"徐灏："二有偶义，故引申之有相亲之义。"《礼记·中庸》："仁者，人也。"郑注："人也读如相人偶之人，以人意相存问之言。"丁晏《礼记释注》："晏案：《表记》：'仁者，人也。'郑注：'谓施以人恩也。'正义：'言仁恩之道，以人情相爱偶也。'……乃相亲爱之意。"人与人相亲，这就是"仁"。所以，孔子用"爱人"来定义"仁"，是有道理的。

这里要讨论的是："爱人"的"人"是什么含义？

（一）《论语》中的"人"和"民"是不是两个阶级？

赵纪彬（1976）《论语新探·释"人""民"》认为，"《论语》所说的

'人'与'民'相当于奴隶社会的两大阶级:'民'是奴隶阶级,'人'是奴隶主阶级"。这个说法在当时影响很大。这个说法是否符合事实?我们需要加以讨论。

赵说的一条重要依据是《论语·学而》中的一章:

1.5　道千乘之国,敬事而信,节用而爱人,使民以时。

赵说认为:"对'人'言'爱',对'民'言'使',显示出'人''民'是划然有别的两个阶级。"

这样说,初看似乎有道理。为什么孔子在一句话里把"人"和"民"分着说,是不是意味着"人"和"民"有不同的含义?

在先秦文献中把"人"和"民"分开说,除了《论语》这一处外,还有别的例子:

《尚书·皋陶谟》:"皋陶曰:都!在知人,在安民。禹曰:吁!咸若时,惟帝其难之。知人则哲,能官人;安民则惠,黎民怀之。"孙星衍《尚书注疏》:"'民'谓众民,'人'谓官人也。"

《诗经·大雅·假乐》:"宜民宜人,受禄于天。"毛传:"宜安民,宜官人也。"孔疏:"'民''人'散虽义通,对宜有别。《皋陶谟》云:'能安民,能官人。安民则惠,黎民怀之。'其文与此相类。故知'宜民宜人'是宜安民宜官人也。"

根据古注,这两篇文献中的"人"和"民"都是"对宜有别",而且应该是"'民'谓众民,'人'谓官人也"。

但《论语》的1.5章中的"人"和"民"是否也分别指"官吏"和"众民"呢?

我们看看历来对1.5的注释:

【论语集解】包曰:"节用,不奢侈。国以民为本,故爱养之。作事使民必以其时,不妨夺农务。"

【论语义疏】[节用而爱人]虽富有一国之财,而不可奢侈,故云节用也。虽贵居民上,不可骄慢,故云爱人也。[使民以时]使民,谓治城及道路也。以时,谓出不过三日,而不妨夺民农务也。然"人"是有识之目,爱人则兼朝廷也。"民"是冥暗之称,使之则唯指黔黎也。

【论语注疏】而爱养人民以为国本,作事使民必以其时。

【论语集注】杨氏曰:"……盖侈用则伤财,伤财必至于害民,故爱民必先于节用。然使之不以其时,则力本者不获自尽,虽有爱人之心,而人不被其泽矣。"

【论语正义】"国以民为本"者,注以"爱人","人"指"民"言,避下句"民"字,故言"人"耳。……刘氏逢禄《论语述何篇》解此文云:"人"谓大臣群臣。……此以下文言"民",则"人"非"民",故解为大臣群臣。于义亦通。

【论语新解】节用而爱人:损节财用,以爱人为念。使民以时:时指农时。使民当于农隙,不妨其作业。

【论语译注】【译文】把"爱人"译为"爱护官吏"。【注释】爱人——古代"人"字有广狭两义。广义的"人"指一切人群;狭义的人只指士大夫以上各阶层的人。这里和"民"(使"民"以时)对言,用的是狭义。

【论语今注】爱人,爱护百姓。

上述诸家对于"节用而爱人"之"爱人"解释不同。《论语集解》引包咸解释为"爱民",则以为本章之"人"与"民"并无区别。《论语义疏》《论语注疏》沿袭包说,朱熹《论语集注》引杨氏也解释为"爱民"。这是因为本章的第一句是"道千乘之国",是说国君治国之事,而民为国之本,所以"爱人"应是指"爱民"。《论语今注》解释为"爱护百姓"。那么,为什么不说"爱民"而说成"爱人"呢？刘宝楠《论语正义》认为这是避免与下文的"使民"重复,是修辞的问题,而不是"人"和"民"含义不同。这是一种看法。

这种看法有较大影响。敦煌文书 P. 2618 唐写本《论语》作"节用而爱民",并抄有《论语集解》:"包曰:节用,不奢侈。国以民为本,故爱养之。"(参见孙钦善《论语本解》,2009)"人"作"民"可能是抄写之误,可能是抄写者从包说,认为此句即"爱民"之意,"人"和"民"意义无别,所以把"人"抄成"民"。这说明《论语集解》的这种理解在唐代比较通行。

另一种看法是刘宝楠《论语正义》所引刘逢禄说,认为"人"与"民"对言,两者含义不同,"人"指大臣群臣。《论语译注》也认为"人"指"士大夫以上各阶层的人"。

《论语义疏》在沿袭包说的同时,又说"爱人"兼指朝廷,"使民"唯指黔黎。这又是一种看法。

我赞同皇侃后一说。"民"是"使"的对象,所以"唯指黔黎"。"爱人"是君主治国的要务,不能仅仅是爱护官吏或爱护大臣群臣,而应包括官吏和黔黎。这样理解,则"人"和"民"含义有所不同,但并不对立。所以,《论语新探》"'民'是奴隶阶级,'人'是奴隶主阶级"的结论不能成立。

《论语》中还有一处"人"和"百姓"("百姓"就是"民")同时出现而含义有别。

14.42 子路问君子。子曰:"修己以敬。"曰:"如斯而已乎?"曰:"修己以安人。"曰:"如斯而已乎?"曰:"修己以安百

姓。修己以安百姓，尧舜其犹病诸。"

【论语集解】孔曰："人，谓朋友九族。"

【论语注疏】人，谓朋友九族。

【论语集注】"人"者，对己而言。"百姓"则尽乎人矣。

【论语正义】"安人"者，齐家也。"安百姓"则治国平天下也。

这一章的"人"显然不同于"百姓"，"百姓"所指的范围广，"人"所指的范围比"百姓"小。对这个"人"也有不同解释。"孔曰"认为是朋友九族。刘宝楠把这一章和"修身，齐家，治国，平天下"联系起来解释，所以认为"安人"就是"齐家"。这两种解释都窄了一点。朱熹的解释是对的，这里的"人"是"对己而言"，这和"仁者爱人"的"人"是一样的（详下）。

在下面一章中，"人"的含义和"民"是否相同，有不同的理解。

17.6　子张问仁于孔子。孔子曰："能行五者于天下为仁矣。""请问之。"曰："恭、宽、信、敏、惠。恭则不侮，宽则得众，信则人任焉，敏则有功，惠则足以使人。"

【论语义疏】[信则人任焉]人君立言必信，则为人物所委任也。……[惠则足以使人]人君有恩惠加民，民则以不惮劳役也。故江熙曰："有恩惠则民忘劳也。"

【论语注疏】"信则人任焉"者，言而有信则人所委任也。……"惠则足以使人"者，有恩惠则人忘其劳也。

【论语今注】信则人任焉，是说为人诚实，就会得到别人的信任。……惠则足以使人，是说对人慈惠，就可以使唤别人，令人悦服。

本章中有两个"人"字。《论语义疏》把"人任焉"的"人"解释为"人物"(众人),把"使人"的"人"解释为"民"。照这样理解,"使人"的"人"的含义就和"民"相同。《论语注疏》和《论语今注》则对两个"人"不作区分,意思是与"己"相对的"人"(他人,别人)。照这样理解,"使人"的"人"的含义就和"民"有别。这两种理解哪一种对?

《论语义疏》把"使人"的"人"解释为"民",大概是认为"使(役使)"的对象只能是民。确实,《论语》中"使"以"民"为对象的很多(共5例),如:

1.5 使民以时。

5.16 其养民也惠,其使民也义。

12.2 出门如见大宾,使民如承大祭。

14.41 上好礼,则民易使也。

17.4 君子学道则爱人,小人学道则易使也。

但也有不是以"民"为对象的,如3.19"使"的对象是"臣",13.25"使"的对象是"人"。

3.19 定公问:"君使臣,臣事君,如之何?"孔子对曰:"君使臣以礼,臣事君以忠。"

13.25 君子易事而难说也。说之不以道,不说也;及其使人也,器之。小人难事而易说也。说之虽不以道,说也;及其使人也,求备焉。

所以,17.6"使人"的对象不一定是"民";而且,同一章中的两个"人"不会有不同的含义,"使人"的"人"应该和"人任焉"的"人"一样,指"他人"。《论语注疏》的理解是对的。

(二)《论语》中的"人"和"民"的含义有何区别?

《论语》中的"人"和"民"都有多种含义。

《论语》中的"人"有时所指范围很广,指"人类"的"人",即相对于"鸟"和"鬼"的"人"(8.4,11.12),或所有的人(4.5)、任何人(15.12),这种"人"包括"君"在内。

8.4　鸟之将死,其鸣也哀;人之将死,其言也善。

11.12　未能事人,焉能事鬼?

4.5　富与贵,是人之所欲也⋯⋯贫与贱,是人之所恶也。

15.12　人无远虑,必有近忧。

"人"最常见的用法是和"己"相对,指"他人"。这种"人"的含义我们到下面再讨论。

1.16　不患人之不己知,患不知人也。

12.1　为仁由己,而由人乎哉?

14.24　古之学者为己,今之学者为人。

15.19　君子病无能焉,不病人之不己知也。

15.21　君子求诸己,小人求诸人。

"人"只有在构成"民人"一词时意义和"民"相同:

11.25　子路使子羔为费宰。子曰:"贼夫人之子。"子路曰:"有民人焉,有社稷焉,何必读书,然后为学?"子曰:"是故恶夫佞者。"

《论语》中的"民"都是和"上"或"君子"相对而言的,指国君或官吏治理下的民众。"民"不包括"君"。如:

8.2　君子笃于亲,则民兴于仁。

13.4　上好礼,则民莫敢不敬;上好义,则民莫敢不服;上

好信,则民莫敢不用情。

14.41 上好礼,则民易使也。

19.10 君子信而后劳其民。

19.19 上失其道,民散久矣。

"民"有广义有狭义。广义的指君主治下的所有臣民,包括士大夫和黔黎。

6.29 中庸之为德也,其至矣乎! 民鲜久矣。

6.30 如有博施于民而能济众,何如? 可谓仁乎?

狭义的只指黔黎。如16.9的"民"不包括有知识的士大夫;8.9的"民"不包括朝廷之人;1.5的"使民以时"既然和农时有关,"民"也只指从事耕作之民。

16.9 孔子曰:"生而知之者上也;学而知之者次也;困而学之,又其次也;困而不学,民斯为下矣。"(定州简本作"民也为下矣"。)

8.9 子曰:"民可使由之,不可使知之。"

1.5 使民以时。①

(三)"仁者爱人"的"人"是什么含义?

"仁者爱人"的"人",主要是指与"己"相对之人。历来都认为"忠""恕"是"仁"的主要内容,《论语》中对"忠""恕"的阐述,都是"己"和"人"相对而言的。

4.15 子曰:"参乎! 吾道一以贯之。"曾子曰:"唯。"子出。门人问曰:"何谓也?"曾子曰:"夫子之道,忠恕而已矣。"

---

① 对"人"和"民"的解释可参见孙钦善《论语本解》和杨逢彬《论语新注新译》。

6.30　子曰："……夫仁者,己欲立而立人,己欲达而达人。能近取譬,可谓仁之方也已。"

12.2　仲弓问仁。子曰："出门如见大宾,使民如承大祭。己所不欲,勿施于人。在邦无怨,在家无怨。"仲弓曰："雍虽不敏,请事斯语矣。"

15.24　子贡问曰："有一言而可以终身行之者乎?"子曰："其恕乎! 己所不欲,勿施于人。"

"恕"和"忠"都是推己及人:自己不希望的就不要加于他人,自己希望"立"和"达",就要使他人"立"和"达"。那么,"他人"包括哪些人? 下面一章可以帮助我们思考这个问题:

17.4　子之武城,闻弦歌之声。夫子莞尔而笑,曰："割鸡焉用牛刀?"子游对曰："昔者偃也闻诸夫子曰:'君子学道则爱人,小人学道则易使也。'"子曰："二三子! 偃之言是也。前言戏之耳。"

《论语》中的"君子""小人"有两种含义,一是就道德品质而言的,一是就社会地位而言的。17.4的"君子""小人"是后者。从本章可以看出,"爱人"主要是"君子"的事,而不是"小人"的事。进一步说,"立人"和"达人"的"人"也主要是"君子"而不是"小人"。对于那些"困而不学"的"民",是无法使之"立"和"达"的。那么,就社会地位而言,哪些人是"君子"? 哪些人是"小人"?"小人"是"使"的对象,就是"黔黎"。"君子"不能说只是官员,也不能说只是士大夫以上各阶层的人。在这个社会大变动的时代,原有的等级关系已有很大变化,只要是读书人,懂得礼仪,就可以是"君子"。孔子主张"有教无类",出身低贱的只要接受教育,就可以成为"君子"。孔子的弟子像颜回箪食瓢饮,仲弓父为贱人,都是"君子"。"仁者爱人"主要是对这样的"君子"讲的,"爱人"的"人"主要也是这样的"君子"。

但这不是说"小人"与"仁"无关。"小人"也需要"仁",比如,要懂得孝悌的道理,可以孝敬父母,不犯上作乱。所以,《论语》说:

15.35 子曰:"民之于仁也,甚于水火。水火,吾见蹈而死者矣,未见蹈仁而死者也。"

8.2 子曰:"……君子笃于亲,则民兴于仁;故旧不遗,则民不偷。"

15.35 的"民"是广义的,包括"小人"在内。8.2 的"民"相对于"君子"而言,就是"小人"。但这些"民"都需要"仁"。

(四)"爱人"和"爱民"有何不同?

"爱民"在《论语》中未见。但在先秦其他典籍中常见,"爱民"的主语都是上天或君主。如:

《左传·襄公十四年》:"天之爱民甚矣。岂其使一人肆于民上,以从其淫,而弃天地之性?必不然矣。"

《国语·吴语》:"夫越王好信以爱民。"

《墨子·天志中》:"且吾所以知天之爱民之厚者,不止此而已矣。曰爱人利人,顺天之意,得天之赏者有之;憎人贼人,反天之意,得天之罚者亦有矣。"

《荀子·强国》:"人君者,隆礼尊贤而王,重法爱民而霸。"

这些"爱民"的"民",是指除了国君之外的全体臣民,包括"黔黎"。"爱民"的"爱",是上天或君主对全体臣民的关爱,不是"己所不欲,勿施于人"和"己欲立而立人,己欲达而达人",与"仁者爱人"

的"爱"是不同的。上引《论语》1.5所说的"爱人",也是说君主要爱护臣民,也是和"仁者爱人"的含义不一样的。

对于"民"(百姓),孔子也是关爱的:

14.42 子路问君子。子曰:"修己以敬。"曰:"如斯而已乎?"曰:"修己以安人。"曰:"如斯而已乎?"曰:"修己以安百姓。修己以安百姓,尧舜其犹病诸。"

6.30表达了同样的意思:

6.30 子贡曰:"如有博施于民而能济众,何如?可谓仁乎?"子曰:"何事于仁,必也圣乎!尧舜其犹病诸!夫仁者,己欲立而立人,己欲达而达人。能近取譬,可谓仁之方也已。"

"安百姓"和"博施于民""济众"是同一个意思。孔子认为这是很高的境界,已经超出于"仁"而达到了"圣",就连尧舜也难以做到。

"仁者爱人"和墨子的"兼爱"也不同。墨子的"兼爱"是无差等的,而孔子的"仁者爱人"是以孝悌为本,由近及远的:

1.2 有子曰:"其为人也孝弟,而好犯上者,鲜矣;不好犯上,而好作乱者,未之有也。君子务本,本立而道生。孝弟也者,其为仁之本与!"

1.6 子曰:"弟子,入则孝,出则悌,谨而信,泛爱众,而亲仁。行有余力,则以学文。"

《礼记》的一段话也反映了孔子的这种思想:

《礼记·中庸》:"仁者人也,亲亲为大。义者宜也,尊贤为大。亲亲之杀,尊贤之等,礼所生也。"

《孟子》中的一段话,也反映了推己及人的思想:

《孟子·梁惠王上》:"老吾老,以及人之老;幼吾幼,以及人之幼。天下可运于掌。诗云：'刑于寡妻，至于兄弟，以御于家邦。'言举斯心加诸彼而已。"

这是儒家一贯的思想。

四

在孔子的思想体系中，"仁"和"礼"的关系十分密切。一方面，不能克己复礼就不是仁；另一方面，没有仁，礼就徒具形式。

3.3　子曰："人而不仁，如礼何？人而不仁，如乐何？"

有时候，"仁"和"礼"要配合起来。

15.33　子曰："知及之，仁不能守之；虽得之，必失之。知及之，仁能守之，不庄以莅之，则民不敬。知及之，仁能守之，庄以莅之，动之不以礼，未善也。"（愚按：本章"知及之，仁能守之，不庄以莅之"三句的标点与《论语译注》不同。）

这是说居官临民既要仁，又要礼。对这章的注释有些分歧，需要讨论。

【论语集解】包曰："知能及治其官，而仁不能守，虽得之，必失之。不严以临之，则民不敬其上。"……王曰："动必以礼然后善。"

【论语注疏】此章论居官临民之法也。得位由知，守位在仁。

【论语集注】知足以知此理，而私欲间之，则无以有之于身也。莅，临也，谓临民也。……动之，动民也。犹曰鼓舞而作兴之云尔。礼,谓义理之节文。

【四书笺解】"知及""仁守"……"之"字指事理。"庄以莅之","之"字兼事与人说,莅事即以临民也。既有"民"字,故"动之","之"字专指民。

【论语正义】此章十一"之"字,包注指位言,但于"动之"句不可通。……案:"知及之",谓政令条教足以及民也。……凡得民者,皆当以仁守之也。……"庄以莅之",谓威仪也。……皆言临民当庄之义。动之以礼,谓以礼感动于民,使之行也。

【论语新解】知及之仁守之两之字,指治民之道言。……以下庄以莅之之之字指民言。……而动之不以礼,此之字亦指民。……莅之动之三之字指民,此外八之字指道。如此始见文从字顺。

本章注释的分歧在于这十一个"之"字指什么。"及之""守之"的"之",《论语集解》包注和邢昺《论语注疏》谓指官位,朱熹《论语集注》、王夫之《四书笺解》谓指理。"莅之"的"之",朱熹《论语集注》谓指民,王夫之《四书笺解》谓兼指事与人。刘宝楠《论语正义》谓十一个"之"均指民。钱穆《论语新解》则认为"莅之""动之"的"之"指民,其他的"之"指道。

《论语注疏》说"此章论居官临民之法"。本章在短短的五十一个字中,有十一个"之"字,而且前后连接很紧,所以作注释时会想到这些"之"字有同一所指。"之"指什么?既然是论居官临民之法,"之"的所指,无非是官,或民,或法(理)。刘宝楠认为这些"之"字都指"民",但把"知及之""仁守之"的"之"说成是指民,实在太勉强。把"之"看作指"理",首先在"莅之"处讲不通。把"莅之"说成

"莅位"和"莅(临)民"都可以。但说"动之"的"之"指官位,讲不通,"动之以礼"的"之"只能是民。所以,我认为,这十一个"之"只有"动之以礼"的"之"指民,其他的"之"都是指官位。

这是从意义来讲的。有没有语法的根据?王夫之《四书笺解》说:"既有'民'字,故'动之''之'字专指民。"这说得很对。本章的前十个"之"字,虽然前面没有先行词,但从本章所论的主旨来说,指的是位,然后一气而下,后面都是指位。为什么到"动之以礼"所指变成了民?这是因为到"不庄以莅之,则民不敬"一句,出现了"民",有了这个先行词,"动之以礼"的"之"就可以指民了。当然,古人在说话时不会考虑"先行词"之类的语法规则,但我们今天来分析,可以看出古人的话是合乎语法的。

五

4.15 章在前面已经引过。但本章对了解孔子"仁"的思想很重要,而且历代注释的分歧较大,所以要单独讨论一下。

4.15 **子曰:"参乎! 吾道一以贯之。"曾子曰:"唯。"子出。门人问曰:"何谓也?"曾子曰:"夫子之道,忠恕而已矣。"**

【论语义疏】孔子语曾子曰:吾教化之道,唯用一道以贯通天下万理也。

【论语注疏】孔子语曾子言:我所行之道,唯用一理以统天下万事之理也。

《朱子语类》卷二十七:"尝譬之,'一'便如一条索,那'贯'底物事,便如许多散钱。须是积得这许多散钱了,却将那一条索来一串穿,这便是'一贯'。"

【四书笺解】"吾道"二字略读。

阮元《揅经室文集》:"按贯,行也,事也。……'吾道一以贯之',此言孔子之道皆于行事见之。"

《广雅·释诂》:"贯,行也。"王念孙《广雅疏证》:"《卫灵公篇》:'子贡问曰:"有一言而可以终身行之者乎?"子曰:"其恕乎!"'《里仁篇》:'子曰:"吾道一以贯之。"'一以贯之,即一以行之也。"

【论语译注】参呀,我的学说贯穿着一个基本观念。

【论语今注】道,仁道。……一,是同一种原则,同一种精神。贯,贯通。之,指道。为人之道,万端纷纭,孔子则用同一种原则来贯通它。

注释的分歧有两点。

(一)"贯"是"贯串"还是"行"?

"贯"有"行"义,但本章不是。可以用《论语》的另一章来比较。

15.3 子曰:"赐也,女以予为多学而识之者与?"对曰:"然,非与?"曰:"非也,予一以贯之。"

显然,4.15 和 15.3 很接近,都是"一以贯之"。15.3 的"一以贯之"用"行"是解释不通的。《论语义疏》把"贯"解释为"贯通",《朱子语类》把"贯"解释为"串穿",是对的。

(二)"吾道一以贯之"是什么句型?

历来的注释多把"贯"解释为"贯穿",但对整句的解释却有不同。《论语义疏》:"吾教化之道,唯用一道以贯通天下万理也。"《论

113

语注疏》沿袭《论语义疏》。这是把"吾道"看作主语,是"吾道"去"贯之","之"是宾语,指"天下万理"。《论语译注》:"我的学说贯穿着一个基本观念。"这是把"吾道"看作受事话题,"贯"的就是"吾道","贯"后面的"之"复指话题"吾道"。照前一种解释,"一以贯之"的"之"为什么指"天下万理"无法说明,和下句的"夫子之道,忠恕而已矣"也连不上。照后一种解释,上句和下句都是以"吾道"或"夫子之道"为话题,都是对"吾道"或"夫子之道"的说明。王夫之《四书笺解》说:"'吾道'二字略读(dòu,停顿)。"说得很对,"吾道"后面稍有停顿,说明这是话题。《论语》中这种受事话题句很多,如15.1"俎豆之事,则尝闻之矣。""俎豆之事"是"闻"的受事,放在句首作话题,后面有一个停顿。"闻之"的"之",是复指话题"俎豆之事"。

4.15"吾道一以贯之"和15.3"予一以贯之"虽然很接近,但两种句式是不同的。4.15是受事话题句,15.3却是施事主语句,主语是"予","一以贯之"的"之"并不是复指主语"予",而是指上句的"多学而识之",整句意思是:我用一个东西把那学到的知识贯穿起来。

可见,在阅读《论语》时,有时要作适当的句子分析,这会有助于文意的理解。

六

"仁"是孔子的核心思想,他希望人们具备"仁"这种品德。在《论语》中,孔子强调两个方面:(一)"仁"是一种很高的境界,一个人即使很有才能,或者具有了某些好的品德(如忠,清,知,勇,刚毅,木讷等),未必就达到了"仁"的境界。(二)"仁"并不是高不可攀的,只要有志于仁,就可以达到。下面,分别就这两个方面来讨论一些有关的篇章。

(一)"仁"是一种很高的境界

5.19　子张问曰:"令尹子文三仕为令尹,无喜色;三已之,无愠色。旧令尹之政,必以告新令尹。何如?"子曰:"忠矣。"曰:"仁矣乎?"曰:"未知,焉得仁?""崔子弑齐君,陈文子有马十乘,弃而违之。至于他邦,则曰:'犹吾大夫崔子也。'违之。之一邦,则又曰:'犹吾大夫崔子也。'违之。何如?"子曰:"清矣。"曰:"仁矣乎?"曰:"未知,焉得仁?"(愚按:本章"未知,焉得仁"的标点与《论语译注》不同。)

本章中的"未知"有不同的解释。

【论语集解】孔曰:"令尹子文……但闻其忠事,未知其仁也。"

【论语义疏】[曰未知焉得仁]孔子答曰:唯闻其忠,未知其何由得为仁也。李充曰:"子玉之败,子文之举。举以败国,不可谓知也。贼夫人之子,不可谓仁。"

【经典释文】未知,如字。郑音智。

【论语注疏】曰"未知焉得仁"者,孔子答言:据其所闻但是清耳,未知他行,安得仁乎?

【论语集注】"知"如字。

【论语新解】此未知有两解。一说知读为智。……一说,子文之可知者仅其忠,其他未能详知,不得遽许以仁。然下文焉得仁,犹如云焉得俭,焉得刚,乃决绝辞。既曰未知,不当决然又断其为不仁。盖孔子即就子张之所问,论其事,则若可谓之忠矣。仁是全德,亦即完人之称,而子文之不得为完德全人,则断然也。然则孔子之所谓未知,亦婉辞。

【论语译注】未知——和上文第五章"不知其仁",第八章"不知也"的"不知"相同,不是真的"不知",只是否定的另一方式,孔子停了一下,又说"焉得仁"。

本章解释的分歧在"知"字。"知"古代有两读,通常读平声,是动词"知道"的意思。《释文》称为"如字",朱熹也读如字,是把"知"看作"知道"的意思。有时读去声,同"智",是形容词"聪明"的意思。郑玄读作"智",吐鲁番文书写郑本"知"作"智"。

《论语集解》《论语义疏》的皇侃疏都把"知"读作"知道"的"知",而且把"未知"和下文连读,解释为"未知其仁也"。《论语新解》《论语译注》认为"未知"为"不知道",但认为是否定其为仁的"婉辞"。只有《论语义疏》的李充疏把"不知"解释为"不可谓知也"。

值得注意的是王充《论衡·问孔》中对本章的解释:

《论衡·问孔》:"'子张问:"令尹子文三仕为令尹,无喜色;三已之,无愠色。旧令尹之政,必以告新令尹。何如?"子曰:"忠矣。"曰:"仁矣乎?"曰:"未知,焉得仁?"'子文曾举楚子玉代己位而伐宋,以百乘败而丧其众,不知如此,安得为仁?"这解释和上引李充的解释是一样的,认为令尹子文如此不知,安得为仁。这是把"知"读为"智"。

《论语》中把"知"和"仁"放在一起说的很多,"知"都读作"智",如:

4.2　仁者安仁,知者利仁。

6.22 樊迟问知。……问仁。

6.23 知者乐水,仁者乐山。知者动,仁者静。知者乐,仁者寿。

9.29 知者不惑,仁者不忧,勇者不惧。

15.33 知及之,仁不能守之;虽得之,必失之。知及之,仁能守之,不庄以莅之,则民不敬。知及之,仁能守之,庄以莅之,动之不以礼,未善也。

把"未知"理解为"不知道"(否定的婉词)和读作"未智"是两种不同的理解。究竟哪一种读法对?

杨伯峻《论语译注》把本章和《论语》中的另两章作了比较:

5.5 或曰:"雍也仁而不佞。"子曰:"焉用佞?御人以口给,屡憎于人。不知其仁,焉用佞?"

5.8 孟武伯问:"子路仁乎?"子曰:"不知也。"又问。子曰:"由也,千乘之国,可使治其赋也。不知其仁也。""求也何如?"子曰:"求也,千室之邑,百乘之家,可使为之宰也。不知其仁也。""赤也何如?"子曰:"赤也,束带立于朝,可使与宾客言也。不知其仁也。"(愚按:本章"孟武伯问:'子路仁乎?'"的标点与《论语译注》不同。)

他认为本章的"未知"和5.5以及5.8的"不知"一样,5.5和5.8的"不知其仁"并非真的不知道他是不是仁,而是否定其为仁的婉辞。5.18章也一样,孔子说"未知"为否定其为仁的婉辞,然后说"焉得仁"。

我认为这种说法值得商榷。

第一,5.5和5.8都是说"不知其仁",而本章是说"未知","未知"和"不知"意思是不一样的。

《论语》中的"不知"确实是孔子表示否定的婉辞。如：

8.16 子曰："狂而不直，侗而不愿，悾悾而不信，吾不知之矣。"

14.1 "克、伐、怨、欲不行焉，可以为仁矣?"子曰："可以为难矣，仁则吾不知也。"

而"未知"是表示还没有达到某种程度。《论语》中和本章最接近的一章是：

11.12 季路问事鬼神。子曰："未能事人，焉能事鬼?"曰："敢问死。"曰："未知生，焉知死?"

这里的"未知"不能换成"不知"，"未能事人，焉能事鬼?"是说"事人"都未能做好，怎么能事鬼呢?"未知生，焉知死?"是说生都未能了解，怎么能了解死呢? 其他的"未～"也不是"做不到～"，而是"还没有做到～"：

14.25 蘧伯玉使人于孔子。孔子与之坐而问焉，曰："夫子何为?"对曰："夫子欲寡其过而未能也。"使者出。子曰："使乎! 使乎!"

19.10 子夏曰："君子信而后劳其民；未信，则以为厉己也。信而后谏；未信，则以为谤己也。"

第二，任何人说话都不可能先说婉辞"不知(其仁)"，紧接着又说决辞"焉得仁"。这一点，《论语新解》说的是对的。在《论语》中用"焉得～"表否定，共有 4 次，除本章外，其他三次如下：

4.1 子曰："里仁为美。择不处仁，焉得知?"

3.22 子曰："管仲之器小哉!"或曰："管仲俭乎?"曰："管氏有三归，官事不摄，焉得俭?"

5.11 子曰："吾未见刚者。"或对曰："申枨。"子曰："枨也

欲,焉得刚?"

这三次的"焉得～",前面都有否定的理由:某人行为或品行如此,焉得～? 反观本章,也应如此,是说某人"未知"(未达到智),焉得仁(怎么能是仁)? 前面的"未知"应是后面否定的理由,不可能是婉辞。

不仅《论语》如此,先秦其他文献中的"焉得～"也都是如此,前一句必须是"焉得～"的理由。如:

《国语·晋语一》:"君有异心,又焉得立?"

《韩非子·外储说右上》:"断其下颈则必恃人而食,焉得不驯乎?"

《吕氏春秋·别类》:"剑折且铣,焉得为利剑?"

所以,本章的"未知"应读为"未智"。在孔子看来,"智"是"仁"的必备条件,而"仁"比"智"要高。本章的意思是说,他们连"智"都达不到,怎么能是"仁"呢?

(二)"仁"并不是高不可攀的,只要有志于仁,就可以达到

7.30 子曰:"仁远乎哉? 我欲仁,斯仁至矣。"

4.6 子曰:"我未见好仁者,恶不仁者。好仁者,无以尚之;恶不仁者,其为仁矣,不使不仁者加乎其身。有能一日用其力于仁矣乎? 我未见力不足者。盖有之矣,我未之见也。"

4.4 子曰:"苟志于仁矣,无恶也。"

不过,要做到仁也并非轻而易举,其践行的过程是艰难的。

6.22 樊迟问知。子曰:"务民之义,敬鬼神而远之,可谓知矣。"问仁。曰:"仁者先难而后获,可谓仁矣。"

12.3 司马牛问仁。子曰:"仁者,其言也切。"曰:"其言

119

也切,斯谓之仁已乎?"子曰:"为之难,言之得无切乎?"

这些话,看起来似乎有矛盾:既然是"我欲仁,斯仁至矣",为什么做起来又那么艰难呢? 应该看到,这是孔子在不同场合强调了同一事物的不同侧面,把这些话综合起来,可以看到孔子完整的思想。

七

《论语》中在谈到"仁"的时候,还会说到哪些人仁,哪些人不仁。孔子肯定其为"仁"的,有微子、箕子、比干、伯夷、叔齐、管仲。

18.1　微子去之,箕子为之奴,比干谏而死。孔子曰:"殷有三仁焉。"

7.15　冉有曰:"夫子为卫君乎?"子贡曰:"诺。吾将问之。"入,曰:"伯夷、叔齐何人也?"曰:"古之贤人也。"曰:"怨乎?"曰:"求仁而得仁,又何怨?"出,曰:"夫子不为也。"

18.1无须解释。7.15将在第五章讨论。下面我们讨论对管仲的评价。

14.17　子贡曰:"管仲非仁者与? 桓公杀公子纠,不能死,又相之。"子曰:"管仲相桓公,霸诸侯,一匡天下,民到于今受其赐。微管仲,吾其被发左衽矣。岂若匹夫匹妇之为谅也,自经于沟渎而莫之知也?"

14.16　子路曰:"桓公杀公子纠,召忽死之,管仲不死。"曰:"未仁乎?"子曰:"桓公九合诸侯,不以兵车,管仲之力也。如其仁,如其仁。"

【论语集解】孔曰："谁如管仲之仁者。"

【论语义疏】言管仲不用民力而天下平静,谁如管仲之仁智乎?

【论语集注】言谁如其仁者。

【四书辨疑】注言"谁如其仁",一"谁"字该尽古今天下之人,更无人如管仲之仁,无乃许之太峻乎?

王引之《经传释词》："如,犹乃也。《诗·常武》曰:'王奋厥武,如震如怒。'言王震乃怒也。《大戴礼记·少间篇》曰:'臣之言未尽,请尽臣之言,君如财之。'言请俟臣之言尽,君乃裁之也。《论语·宪问篇》曰:'桓公九合诸侯,不以兵车,管仲之力也。如其仁! 如其仁!'言管仲不用民力而天下安,乃其仁,乃其仁也。"

【论语后案】"如",犹乃也。诗:"如震如怒。"扬子《法言·学行篇》:"如其富! 如其富!"《吾子篇》:"如其智! 如其智!"《问道篇》:"法者,谓唐虞成周之法也,如申韩! 如申韩!"皆"如"训为"乃"之证也。

【论语译注】这就是管仲的仁德,这就是管仲的仁德。

《论语集解》《论语义疏》《论语集注》都把"如其仁"解释为"谁如管仲之仁者"。陈天祥《四书辨疑》认为这样解释不妥。他的意见是对的。王引之说是,"如其仁"即"乃其仁"。

管仲并非完人,孔子认为管仲不俭,不知礼。

3.22　子曰:"管仲之器小哉!"或曰:"管仲俭乎?"曰:"管氏有三归,官事不摄,焉得俭?""然则管仲知礼乎?"曰:"邦君树塞门,管氏亦树塞门。邦君为两君之好,有反坫,管氏亦有反坫。管氏而知礼,孰不知礼?"

　　但从大的方面看,孔子还是肯定管仲为仁。可见,对一个人要全面地看,对《论语》也要全面地看,不能仅仅根据《论语》中的某一章,就断定孔子是什么意思。

第五章　孔子的政治思想

一

　　孔子在当时有很高的威望，一些诸侯和权臣都向他问政。他的弟子，特别是担任了邑宰或家臣的，也常向他问政。《论语》中有很多章，都是孔子对"问政"的回答。

　　12.11　齐景公问政于孔子。孔子对曰："君君，臣臣，父父，子子。"公曰："善哉！信如君不君，臣不臣，父不父，子不子，虽有粟，吾得而食诸？"

　　12.17　季康子问政于孔子。孔子对曰："政者，正也。子帅以正，孰敢不正？"

　　12.19　季康子问政于孔子曰："如杀无道，以就有道，何如？"孔子对曰："子为政，焉用杀？子欲善而民善矣。君子之德风，小人之德草。草上之风，必偃。"

　　13.16　叶公问政。子曰："近者说，远者来。"

　　12.7　子贡问政。子曰："足食，足兵，民信之矣。"子贡曰："必不得已而去，于斯三者何先？"曰："去兵。"子贡曰："必不得已而去，于斯二者何先？"曰："去食。自古皆有死，民无信不立。"

12.14　子张问政。子曰:"居之无倦,行之以忠。"

13.1　　子路问政。子曰:"先之,劳之。"请益。曰:"无倦。"

13.2　　仲弓为季氏宰,问政。子曰:"先有司,赦小过,举贤才。"曰:"焉知贤才而举之?"子曰:"举尔所知;尔所不知,人其舍诸?"

13.17　子夏为莒父宰,问政。子曰:"无欲速,无见小利。欲速,则不达;见小利,则大事不成。"

从这里可以看出孔子的政治理念。总的来说是希望当政者自身能行得正,用自己的道德来影响臣下和百姓。这在下面还要说到。

有两章需要加以讨论。

(一) 12.11　齐景公问政于孔子。孔子对曰:"君君,臣臣,父父,子子。"公曰:"善哉! 信如君不君,臣不臣,父不父,子不子,虽有粟,吾得而食诸?"

【论语集解】孔曰:当此之时,陈恒制齐,君不君,臣不臣,父不父,子不子,故以此对。

【论语集注】[齐景公问政于孔子]鲁昭公末年,孔子适齐。[孔子对曰:"君君,臣臣,父父,子子。"]此人道之大经,政事之根本也。是时景公失政,而大夫陈氏厚施于国,景公又多内嬖而不立太子,其君臣父子之间皆失其道,故夫子告之以此。

孔子这一段话是针对齐国的现状说的。《论语集解》引"孔曰"认为当时是"陈恒制齐"。在《论语》14.21 中有"陈恒弑其君"，这在本书第三章中已讨论过；但那个"君"是齐简公，而本章中孔子回答的是齐景公。据《史记·孔子世家》记载："孔子年三十五，……（鲁）昭公师败，奔于齐。其后顷之，鲁乱，孔子适齐。"此年为齐景公三十一年，鲁昭公二十五年，即公元前 517 年。当时齐国当政的是陈乞。到齐悼公四年（公元前 485 年），陈乞卒，其子陈恒代立，为齐简公的相，在简公四年弑简公。（见《史记·田完世家》）所以，"陈恒制齐"是在孔子见齐景公 32 年以后，"孔曰"的说法是错的。在第三章，我们已经看到，《论语》的有些记载不完全可信。这里我们又看到，《论语》的注，有些也不可信，读的时候要有分析的态度。

《论语集注》说的是对的。"大夫陈氏厚施于国"，这指的是陈乞。《左传·昭公二十六年》（即孔子见齐景公的后一年）记载了齐景公和大臣晏子的一段对话。对话中说的"陈氏"就是陈乞。

> 晏子说："陈氏虽无大德，而有施于民。豆区釜钟之数，其取之公也薄，其施之民也厚。公厚敛焉，陈氏厚施焉，民归之矣。诗曰：'虽无德与女，式歌且舞。'陈氏之施，民歌舞之矣。后世若少惰，陈氏而不亡，则国其国也已。"

> 齐景公问：怎样才能改变这种情况？

> 晏子回答："唯礼可以已之。……礼之可以为国也久矣。与天地并。君令、臣共，父慈、子孝，兄爱、弟敬，夫和、妻柔，姑慈、妇听，礼也。君令而不违，臣共而不贰；父慈而教，子孝而箴；兄爱而友，弟敬而顺；夫和而义，妻柔而正；姑慈而从，妇听而婉：礼之善物也。"

这段话可以和孔子的话参看。

虽然孔子的这一段话有一定的针对性，但不能把它看作仅仅是对齐国的现状而言。《论语集注》也说："此人道之大经,政事之根本也。""君君,臣臣,父父,子子"这八个字,是孔子对"为政"的总的看法,孔子认为这是维系社会的纲常。

什么叫"君君,臣臣"? 是不是说君主有绝对的权威,臣下必须绝对服从君主? 我们看下面的几章:

3.19　定公问:"君使臣,臣事君,如之何?"孔子对曰:"君使臣以礼,臣事君以忠。"

14.22　子路问事君。子曰:"勿欺也,而犯之。"

当然,臣对君是要忠的,但不是绝对服从,而是可以"犯之"。另一方面,君主也不是绝对权威,照孔子看,什么都是君主说了算,将会导致"亡邦"。

13.15　定公问:"一言而可以兴邦,有诸?"孔子对曰:"言不可以若是其几也。人之言曰:'为君难,为臣不易。'如知为君之难也,不几乎一言而兴邦乎?"曰:"一言而丧邦,有诸?"孔子对曰:"言不可以若是其几也。人之言曰:'予无乐乎为君,唯其言而莫予违也。'如其善而莫之违也,不亦善乎? 如不善而莫之违也,不几乎一言而丧邦乎?"

这一章整个的意思是清楚的,但在文句上,有不同的解释。

【论语集解】几,近也。有近一言可兴国也。

【论语义疏】"若是"者,犹如此也。答曰:岂有出一言而兴得邦国乎? 言不可顿得如此也。云"其几也"者,几,近也。然一言虽不可即使兴,而有可近于兴邦者,故云"其几也"。

【论语集注】几,期也。……言一言之间,未可以如此而必期其效。

梁章钜《论语集注旁证》卷十三："《朱子文集》：'李守约问："旧点'言不可以若是'为句,今以'言不可以若是其几也'作一句,不识别有微意否?"答曰："如《集注》说,恐二字亦是相应。以'若是'绝句,恐不辞也。"'"①

不同在于两点：1."几",有的训"近",有的训"期"。2.有的把"言不可以若是"作为一句,把"其几也"作为另一句;有的把"言不可以若是其几也"作为一句。

我认为"几"应训"近",《尔雅·释诂》："几,近也。"《诗经·大雅·瞻卬》："天之降罔,维其几矣。"郑笺："几,近也。""言不可以若是其几也"应是一句。"若是其～"是先秦常见的格式,很多文献都出现过。如：

《礼记·檀弓上》："夫子曰：'若是其靡也。'"

《孟子·梁惠王上》："若是其大乎?"

《庄子·则阳》："其于人心者若是其远也。"

《荀子·强国》："若是其悖缪也。"

《韩非子·五蠹》："上下之利若是其异也。"

《吕氏春秋·审己》："贤固若是其苦邪?"

《晏子春秋·杂下》："晏子之家,若是其贫也。"

"言不可以若是其几也"意思是："一句话不可能说得如此近于'一言兴邦'。"强调的是"如此近于"。"不几乎一言而兴邦乎?"意思是："这不就接近于'一言兴邦'了吗?"说的是一般的"接近于"。把"言不可以若是其几也"作为一句是对的。

(二)12.7　子贡问政。子曰："足食,足兵,民信之矣。"

---

①　转引自程树德《论语集释》。

子贡曰:"必不得已而去,于斯三者何先?"曰:"去兵。"子贡曰:"必不得已而去,于斯二者何先?"曰:"去食。自古皆有死,民无信不立。"

孔子认为"足食,足兵,民信之矣"都是治国的必要条件,但如果要排一个次序,还应该把"信"排在第一位。说"自古皆有死"云云,当然不是说百姓可以饿死,而是强调"信"比"食"更重要。那么,什么是"民信之矣"和"民无信不立"?历来有几种解释。

【论语集解】孔曰:"死者古今常道,人皆有之。治邦不可失信。"

【论语义疏】虽有食有兵,若君无信,则民众离背,故必使民信之也。……而自古迄今,未有一国无信而国安立者。

【论语注疏】民信之则服命从化。……治国不可失信,失信则国不立也。

【论语集注】言仓廪实武备修。然后教化行而民信于我,不离叛也。……民无食必死,然死者人之所必不免,无信则虽生而无以自立,不若死之为安。

【四书辨疑】一章中两"信"字本是一意,注文(愚按:指朱熹《集注》)解"民信之矣"则曰"民信于我",解"民无信不立"则曰"民无食必死,然死者人之所必不免,无信则虽生而无以自立,不若死之为安",此却说信为民之信,立亦民之自立也。……前一句"信"在国,后一句"信"在民。……王滹南曰:"民信之者,为民所信也。民无信者,不为民信也。为政至于不为民信,……每事不立矣。……"此说二"信"字皆为国家之信,"立"亦国事之立也。文直理明,无可疑矣。

上一句"民信之矣"指民信君,应该没有问题。下一句"民无信不立"，有两种理解：1.《论语集解》《论语注疏》都认为是君失信则国不立。2.《论语集注》认为是民无信则无以自立。《四书辨疑》不同意《论语集注》的看法，认为《论语集注》对上下两个"信"的解释不一致，"前一句'信'在国，后一句'信'在民"。《四书辨疑》认为上下两句的"信"都是民对国家之信，"立"都是国事之立。

我认为《论语集注》的解释是对的。上一句"民信之矣"是说如何为政，"民信之"应是民信君。但到后面讨论的话题已经改变，变成"食"和"信"两者的比较，孔子认为"信"比"食"更重要，民无食则死，民无信不立。死是自古皆有，不足惧；信却不可一日无之，无之则不立。这都是就民而言。而且，这样解释"不立"，也符合孔子的思想和一贯的表达法：16.13："不学礼，无以立。"20.3："不知礼，无以立也。""立"都是"立身"的"立"，孔子重礼仪，重忠信，无礼不能立，无信也不能立。如果把"立"理解为"国立"，则这种表达法不但《论语》未见，而且先秦文献中也罕见，在先秦文献中，"国立"罕见，"立国"常见，但"立国"的"立"是建立，不是站得住，安定。也许正因为如此，王若虚（滹南）在解释"不立"的时候，没有直接解释为"国不立"，而是拐一个弯，解释为"每事不立"。基于上述理由，我赞同朱熹《论语集注》的解释。

《论语》中下面一章可以作为"民无信不立"的参考：

2.22　子曰："人而无信，不知其可也。大车无輗，小车无軏，其何以行之哉？"

另外，刘宝楠《论语正义》对"民信之矣"有一个解释：

【论语正义】"民信之"者，"民"字当略读，"信"谓上予民信也。

所谓"略读"，用今天的话来说，就是把"民"看作话题而不看作施事主语。这和5.26"朋友信之"的句法一样,朱熹《集注》:"朋友与之以信。""朋友"不是施事主语,而是话题,即对于朋友该如何如何。照刘宝楠的看法,"民信之矣"应读作"对于民,上予之信"。这可备一说。

还有《国语》中一段话也可以作本章的参考:

> 《国语·晋语四》:"晋饥,公问于箕郑曰:'救饥何以?'对曰:'信。'公曰:'安信?'对曰:'信于君心,信于名,信于令,信于事。'公曰:'然则若何?'对曰:'信于君心,则美恶不逾。信于名,则上下不干。信于令,则时无废功。信于事,则民从事有业。于是乎民知君心,贫而不惧,藏出如入,何匮之有?'"

这个"信",包括的范围很广:信于君心,信于名,信于令,信于事。"信"可以救饥,也可以治国。所以,孔子在回答"问政"时很强调"信"。

二

"为政以德"是孔子政治思想的主要内容。下面几章很清楚地表达了孔子的这种思想。

2.1 子曰:"为政以德,譬如北辰,居其所而众星共之。"

2.3 子曰:"道之以政,齐之以刑,民免而无耻;道之以德,齐之以礼,有耻且格。"

(愚按:汉祝睦碑"格"作"恪"。费凤碑"格"作"佫"。)

【论语集解】孔曰:"政,谓法教也。免,苟免。"马曰:"齐之以刑,整齐之以刑罚也。"包曰:"德,谓道德也。格,正也。"

【论语义疏】[民免而无耻]……民畏威苟且，求于免脱罪辟而不复知避耻，故无耻也。……[道之以德，齐之以礼，有耻且格]既导德齐礼，民服从而知愧耻，皆归于正也。

【经典释文】引郑注："格，来也。"

【论语注疏】格，正也。……言君上化民必以道德，民或未从化，则制礼以齐整，使民知有礼则安，失礼则耻。如此则民有愧耻而不犯礼，且能自修而归正也。

【论语集注】格，至也。……则民耻于不善而又有以至于善也。一说，格，正也。《书》曰："格其非心。"

【论语正义】《缁衣》云："子曰：'夫民教之以德，齐之以礼，则民有格心。教之以政，齐之以刑，则民有遯心。'"注云："格，来也。遯，逃也。"……注"格，正也。"……《孟子·离娄》云："惟大人为能格君心之非。"

【论语新解】有耻且格：格，至义。在上者以德化下，又能以礼齐之，在下者自知耻所不及，而与上同至其所。格又有正义，如今言格式，规格。在下者耻所不及，必求达在上者所定之标准。二义相通。

【论语译注】㊁免——先秦古书若单用一个"免"字，一般都是"免罪""免刑""免祸"的意思。㊂格——这个字的意义本来很多，在这里有把它解为"来"的，也有解为"至"的，还有解为"正"的，更有写作"恪"，解为"敬"的。这些不同的讲解都未必符合孔子原意。《礼记·缁衣篇》："……"这话可以看作孔子此言的最早注释，较为可信。此处"格心"和"遁心"相对成文，"遁"，逃避的意思。逃避的反面应该是亲近、归服、向往，所以用"人心归服"来译它。

【论语今注】格,正。用道德行为来引导人民,用礼制来齐一人民;人民受感化陶冶,自然都会知道羞耻,而且趋向正道。

本章的"格"有三种解释:(1)正也;(2)至也;(3)来也。从训诂讲,这三种解释都能成立。但问题是:在本章中"格"应怎么讲?

"格,来也。"《经典释文》说这是郑玄的注释。《论语正义》引《礼记·缁衣》中的一段话,和《论语》本章很相似,郑玄的注也说:"格,来也。"那么,是不是《论语》本章中的"格"应该解释为"来"呢?我认为不是。《礼记·缁衣》的文字和《论语》本章不完全相同,其论述的角度也不相同。《礼记·缁衣》的整段话是这样的:

> 子曰:"夫民教之以德,齐之以礼,则民有格心。教之以政,齐之以刑,则民有遯心。郑注:'格,来也。遯,逃也。'故君民者,子以爱之则民亲之,信以结之则民不倍,恭以莅之则民有孙心。郑注:'莅,临也。孙,顺也。'"

"格心""遯心""孙心"都是从"君"和"民"的关系说的。在"则民有格心"后面孔颖达注云:"君若教民以德,整民以礼,则民有归上之心。"所以,《缁衣》的"格"可以训"来","来"可以指"归上"。而《论语》本章是说君主治民的方式不同,则民的道德状况就会有不同,"免而无耻"和"有耻且格"都是说民的道德状况,不是说民和君的关系,所以,"格"只能解释为"正",不能解释为"来"。

"格,至也。"这是朱熹的解释。"民耻于不善而又有以至于善也",这是说民的道德状况。但陈天祥《四书辨疑》认为:"(朱)注文前说文不可通。'格'字既在一句之末,其下别无字,义以'格'为止,与全句通读,乃是'有耻且至',不知'至'为至甚也。今言'有以至于善'，'善'乃赘文耳。后一说以"格"为"正"，于理为顺。盖言既耻所犯，又归于正也。"也就是说，朱熹对"格"有两种解释，前一种解释说"格"义为"至"，这必须在后面加上"于善"才能讲通，而"于善"为原文所无，是朱熹增字解经。

《论语译注》据《礼记·缁衣》来解释《论语》本章，说"格"和"遯"对文，因而把"格"解为"归服"。但上面已经说过，《礼记·缁衣》和《论语》本章的意思有所不同，不能用《礼记·缁衣》的"格"来解释《论语》本章的"格"。而且，《论语译注》把《礼记·缁衣》中"格心"的"格"解释为"归服"，是根据与"格心"对文的"遯心"而推论的。但在《论语》本章中，"格"不是和"遯"对文，而是和"免"相对。《论语译注》已经把"免"解释为"免罪""免刑""免祸"（这是对的），那么，和"免"相反的"格"怎么会是"归服"呢？

"格，正也。"这样的用法，《论语集注》举了《尚书》："格其非心"为例，不过，这是伪《古文尚书·冏命》中的句子，不足为据。《论语正义》举了《孟子·离娄》："惟大人为能格君心之非。"这是对的。这样的解释放在本章中，文意也很通顺。这是正确的解释。

《论语新解》说"格"的"至"义和"正"义"二义相通"，此说不可取。一个字在句中不可能同时具有二义，而且其解释过于迂曲。

本章可以和 12.17 对照，"政者，正也"，为政的目的就是使民正。

12.17 季康子问政于孔子。孔子对曰："政者，正也。子帅以正，孰敢不正？"

这几章都是对"为政以德"的具体阐述。其中心内容就是在上者首先要自身有德，自身要正，这样自然就能使民正。2.3 更是以"政、刑"和"德、礼"对比，认为前者只能使民不敢犯罪，后者才能使民道德端正。

法家反对孔子的这种政治理念。

《韩非子·难一》："历山之农者侵畔，舜往耕焉，期年，甽亩正。河滨之渔者争坻，舜往渔焉，期年，而让长。东夷之陶者器苦窳，舜往陶焉，期年而器牢。仲尼叹曰：'耕、渔与陶，非舜官也，而舜往为之者，所以救败也。舜其信仁乎！乃躬藉处苦而民从之，故曰：圣人之德化乎！'

或问儒者曰：'方此时也，尧安在？'其人曰：'尧为天子。'然则仲尼之圣尧奈何？圣人明察在上位，将使天下无奸也。今耕渔不争，陶器不窳，舜又何德而化？舜之救败也，则是尧有失也；贤舜则去尧之明察，圣尧则去舜之德化；不可两得也。……

且舜救败，期年已一过，三年已三过，舜有尽，寿有尽，天下过无已者，以有尽逐无已，所止者寡矣。赏罚使天下必行之，令曰：'中程者赏，弗中程者诛。'令朝至暮变，暮至朝变，十日而海内毕矣，奚待期年？舜犹不以此说尧令从己，乃躬亲，不亦无术乎？且夫以身为苦而后化民者，尧、舜之所难也；处势而骄下者，庸主之所易也。将治天下，释庸主之所易，道尧、舜之所难，未可与为政也。"

"圣人之德化"就是孔子提倡的"为政以德"。《韩非子》反驳说：如果圣人果真能以德化天下，则就会使"天下无奸"，舜又何必四处去救败呢？而且，这样亲身教化的效率太低，远不如法令和赏罚收效快，一道命令下去，而且随之以赏罚，"十日而海内毕矣"！法家很相信"法治"的功效，秦始皇就是按法家理论治天下的，确实是很快地建立了一个专制集权的大帝国。但是，曾几何时，这个帝国就彻底崩溃,二世而亡。贾谊总结说:"仁义不施,而攻守之势异也。"治国方法的好坏,不是由政治家的辩论来决定的,也不是看一时的功效而决定的,而是要历史来检验的。

三

孔子政治思想的又一重要内容是"正名"。

13.3 子路曰:"卫君待子而为政,子将奚先?"子曰:"必也正名乎!"子路曰:"有是哉,子之迂也! 奚其正?"子曰:"野哉,由也! 君子于其所不知,盖阙如也。名不正,则言不顺;言不顺,则事不成;事不成,则礼乐不兴;礼乐不兴,则刑罚不中;刑罚不中,则民无所错手足。故君子名之必可言也,言之必可行也。君子于其言,无所苟而已矣。"

【论语集解】马曰:"正百事之名。"

【论语义疏】郑注曰:"正名,谓正书字也。古者曰名,今世曰字。"

【论语集注】卫君,谓出公辄也。是时出公不父其父而祢其祖,名实紊矣,故孔子以正名为先。谢氏曰:"正名虽为卫君而言,然为政之道皆当以此为先。"

朱熹《论语集注》说得很对:这一段话是为卫君而言的,但又不能仅仅看作是对卫国政事的评论,而是孔子为政的一个重要内容。在读这一章的时候,我们对这两方面都要有所了解。

先说第一方面。

当时卫国的情况可参看《史记》的记载。

《史记·卫世家》:"(卫灵公)三十九年,太子蒯聩与灵公南子夫人有恶,欲杀南子。……灵公怒,太子蒯聩奔晋,已而之晋赵氏。"四十二年(愚按:此为公元前 493 年),灵公欲立少子郢为太子,郢辞,以为有太子蒯聩之子辄在,不敢当。灵公卒,"于是卫乃以辄为君,是为出公"。"赵简子欲入蒯聩。……卫人闻之,发兵击蒯聩,蒯聩不得入。"

《史记·孔子世家》:"于是孔子自楚反乎卫。是岁也,孔子年六十三,而鲁哀公六年也(愚按:此为公元前 489 年)。……是时,卫君辄父不得立,在外,诸侯数以为让。而孔子弟子多仕于卫,卫君欲得孔子为政。子路曰:'卫君待子而为政,子将奚先?'"

《论语》还有一章相关的记载可以参看:

7.15　冉有曰:"夫子为卫君乎?"子贡曰:"诺。吾将问之。"入,曰:"伯夷、叔齐何人也?"曰:"古之贤人也。"曰:"怨乎?"曰:"求仁而得仁,又何怨?"出,曰:"夫子不为也。"

这个"卫君"也是卫出公辄。孔子的弟子想知道孔子是否"为(助)卫君",但没有正面地问,而是先问孔子对伯夷叔齐的评价。《史记·伯夷列传》:"伯夷、叔齐,孤竹君之二子也。父欲立叔齐,及父卒,叔齐让伯夷。伯夷曰:'父命也。'遂逃去。叔齐亦不肯立而逃之。"伯夷尊父命而逃,叔齐亦不肯立而逃,孔子称赞他们是"求仁而得仁"。而卫出公辄占据君位,以子拒父,显然不能和伯夷叔齐相比,所以子贡说"夫子不为也"。

《史记·太史公自序》:"南子恶蒯聩,子父易名。""易名"指辄为君而蒯聩在外。孔子提倡"正名",确实也是对此而发的。

再说第二个方面。

孔子的"正名"说还有更重要的意义。

"正名"的"名"，有不同的解释。《论语集解》引马曰："正百事之名。"《论语义疏》引郑注："正名，谓正书字也。"即正文字。还有第三种解释：《汉书·艺文志》："名家者流，盖出于礼官。古者名位不同，礼亦异数。孔子曰：'必也正名乎！名不正则言不顺，言不顺则事不成。'此其所长也。"认为"正名"是正名分。

我认为"正名"不是"正文字"，"正文字"与"为政"无关。与为政有关的是正名分，《汉书·艺文志》说的"古者名位不同，礼亦异数"，这在当时政事中是很重要的问题。辄和蒯聩究竟应该谁是君也是名分问题。当然，也包括与名分、礼制有关的事，比如《八佾》中所说的"八佾舞于庭""三家者以雍彻"，《乡党》中说的"割不正""席不正"等，也都属于应"正"之列。

《左传》中一段话也反映出孔子对"名"的重视。

> 《左传·成公二年》："新筑人仲叔于奚救孙桓子，桓子是以免。既，卫人赏之以邑，辞。请曲县繁缨以朝，许之。仲尼闻之曰：'惜也，不如多与之邑。唯器与名，不可以假人，君之所司也。名以出信，信以守器，器以藏礼，礼以行义，义以生利，利以平民。政之大节也。若以假人，与人政也。政亡，则国家从之。弗可止也已。'"

孔子把"正名"看作为政治国的头等大事，名不正会招致一系列严重后果："名不正，则言不顺；言不顺，则事不成；事不成，则礼乐不兴；礼乐不兴，则刑罚不中；刑罚不中，则民无所错手足。"朱熹对此曾有过解释，可以作为参考：

> 《朱子语类》卷43："若就卫论之，辄，子也，蒯聩是父。今也，以兵拒父，是以父为贼，多少不顺！其何以为国，何以临

民？事既不成，则颠沛乖乱，礼乐如何会兴，刑罚如何会中？"

这一章有两处字句需要讨论。

（1）必也正名乎！

《论语》中"必也"多次出现。如：

3.7 子曰："君子无所争，必也射乎！揖让而升，下而饮。其争也君子。"

19.17 曾子曰："吾闻诸夫子：人未有自致者也，必也亲丧乎！"

12.13 子曰："听讼，吾犹人也。必也使无讼乎！"

13.21 子曰："不得中行而与之，必也狂狷乎！"

6.30 子贡曰："如有博施于民而能济众，何如？可谓仁乎？"子曰："何事于仁，必也圣乎！尧舜其犹病诸！"

7.11 子谓颜渊曰："用之则行，舍之则藏，惟我与尔有是夫！"子路曰："子行三军，则谁与？"子曰："暴虎冯河，死而无悔者，吾不与也。必也临事而惧，好谋而成者也。"

3.7和19.17两章都是在一个否定句后面，跟一个"必也……"的句子；前一句表否定，后一句表假设，意思是"某种情况是不存在的，如果有，那一定是……"。12.13的意思是，"在听讼一事上，我和别人并无区别；如果有区别，那一定是我将不使诉讼发生"。虽然字面上没有"无"或"未有"等否定词，但实质上和前两章一样。13.21的假定性和否定性包含在前一个句子里，意思"如果不能……，那就一定要……"。6.30和7.11两章前一句也是否定的，而且整句隐含着假设的意思，表示"已经不止于仁了。如果要说的话，那一定是……"，"那样的人我不和他共事。如果要共事的话，那一定是……"。

13.3 的"必也正名乎"也隐含否定和假设，意思是："（现在卫君未让我为政，）如果卫君让我为政，我首先要做的事一定是正名。"

（2）盖阙如也。

现在都把"阙如"看作一个词，意思是空着。但段玉裁认为"盖阙"是一个词。

《说文解字·叙》："于其所不知，盖阙如也。"段注："此用《论语·子路》篇语。'盖阙'叠韵字。凡《论语》言'如'，或单字，'字如''躩如'是。或重字，'申申如''夭夭如'是。或叠韵字双声字，'踧踖如'，'鞠躬如'，'盖阙如'是。盖，旧音如割。《汉书·儒林传》曰：'疑者丘盖不言。'苏林曰：'丘盖者，不言所不知之意也。'如淳曰：'齐俗以不言所不知为丘盖。'丘盖，荀卿书作'区盖'，丘、区、阙三字双声。"

段玉裁所说的《荀子》和《汉书》例如下：

《荀子·大略》："言之信者，在乎区盖之间。疑则不言，未问则不立（言）。"

《汉书·儒林传》："唐生、褚生应博士弟子选，诣博士，抠衣登堂，颂礼甚严，试诵说，有法，疑者丘盖不言。"

段玉裁的意见是值得考虑的。

四

孔子对"民"是什么态度？这是孔子政治思想的一个重要问题。

和这个问题有关的，最重要的是下面一章：

8.9　子曰:"民可使由之,不可使知之。"

【论语集解】由,用也。可使用而不可使知者,百姓能日用而不能知也。

【论语注疏】此章言圣人之道深远,人不易知也。

【论语集注】民可使之由于是理之当然,而不能使之知其所以然也。程子曰:圣人设教,非不欲人家喻而户晓也。然不能使之知,但能使之由之尔。若曰圣人不使民知,则是后世朝四暮三之术也,岂圣人之心乎?

【论语正义】凌氏鸣喈《论语解义》以此章承上章诗礼乐言,谓"《诗》礼乐可使民由之,不可使民知之",其说是也。愚谓上章是夫子教弟子之法,此"民"亦指弟子。……(身通六艺)则可使知之者也。自七十二人之外,凡未能通六艺者,夫子亦以《诗》《书》礼乐教之,则此所谓"可使由之,不可使知之"之民也。

【论语新解】在上者指导民众,有时只可使民众由我所指导而行,不可使民众尽知我所指导之用意所在。

【论语译注】子曰……知之——这两句与"民可以乐成,不可与虑始"……意思大致相同,不必深求。后来有些人觉得这种说法不很妥当,于是别生解释,意在为孔子这位"圣人"回护,虽煞费苦心,反失孔子本意。……宦懋庸《论语稽》则云:"对于民,其可者使其自由之,而所不可者亦使知之。或曰:舆论所可者则使共由之。其不可者亦使共知之。"则原文当读为"民可,使由之;不可,使知之"。恐怕古人无此语法。若是古人果是此意,必用"则"字,甚至"使"下再用"之"字以重指"民",作"民可,则使(之)由之;不可,则使(之)知之",方不致晦涩而误解。

《论语》这一章，其实意思并不难懂，也没有歧义，但历来有各种解释，主要都是为了回护圣人。《论语注疏》把"知之"的"之"解释为"圣人之道"，《论语正义》把"民"解释为弟子，《论语集注》在释义时把"不可使知之"的"不可"改为"不能"，《论语新解》在讲解时加上了"有时"。甚至有人改变句读，把句子标点为"民可，使由之；不可，使知之"。这种读法不妥，《论语译注》已经指出。

蔡英杰《〈论语〉训诂疑案的文献学分析》①认为，句子应该断为"民可使，由之；不可使，知之"，而且申述理由说：先秦"使"的宾语无论是显性的还是隐性的，都不可能与句子的主语同指。他举的例子如（例句下面是作者的解释）：

虞舜侧微，尧闻之聪明，将使嗣位。（《尚书·舜典序》）

"句子的主语是'尧'，'使'的隐性宾语是'舜'。"

冬。曹伯使其世子射姑来朝。（《左传·桓公九年》）

"句子的主语是'曹伯'，'使'的宾语是'世子'。"

君今来讨弊邑之罪，其亦使听从而释之。（《国语·鲁语上》）

"句子的主语是'君'，'使'的隐性宾语是'弊邑'。"

而"民可使（之）由之，不可使（之）知之"的隐性宾语"之"如果指"民"，就是和主语同指了，违反了先秦的语法规律，不能成立。所以，正确的断句是："民可使，由之；不可使，知之。"

但是，事实并非如此。蔡文所举的例句都是施事主语构成的

---

① 蔡英杰《〈论语〉研究疑案的训诂学分析》，《中国语言文学研究》，2017 年第 1 期。

使役句，"施事＋使＋(宾语)＋动词"，这个宾语当然不可能和主语同指。不可能有"尧＋使＋尧＋动词"这样的句子，也不可能有"尧＋使＋之＋动词"中的"之"指"尧"的情况。这是没有问题的。问题在于，在先秦文献中还有另一类由受事话题构成的使役句。如下面的例句：

《国语·晋语四》："蘧蒢不可使俯，戚施不可使仰，僬侥不可使举，侏儒不可使援，蒙瞍不可使视，嚚喑不可使言，聋聩不可使听，童昏不可使谋。"

《墨子·非儒下》："好乐而淫人，不可使亲治；立命而怠事，不可使守职；宗丧循哀，不可使慈民；机服勉容，不可使导众。"

《韩非子·显学》："象人不可使距敌也。"

《论语·先进》："方六七十，如五六十，求也为之，比及三年，可使足民。"

《论语·公冶长》："由也，千乘之国，可使治其赋也。"

《论语·雍也》："雍也可使南面。"

《左传·昭公元年》："龙也可使吠。"

《墨子·非命上》："若此，则乱者可使治，而危者可使安矣。"

《孟子·告子下》："不揣其本而齐其末，方寸之木可使高于岑楼。"

《孟子·尽心上》："易其田畴，薄其税敛，民可使富也。"

《庄子·齐物论》："形固可使如槁木，而心固可使如死灰乎？"

《荀子·解蔽》："有人也，不能此三技，而可使治三官。"

《吕氏春秋·论威》："则三军之士可使一心矣。"

《郭店楚简·尊德义》："民可使道之,不可使知之。"

这些例句的特点是：1."使"字前面有"不可"或"可"。2.句首的名词都不是使事而是役事（"使事"和"役事"是语法术语,"孔子使子路问津","孔子"是使事,子路是役事）。也就是说,句首的名词都不是"使"的发出者,而是"使"的对象。3.使事都是不出现的。4.在"使"后面不能加上"之",因为"使"的对象已经放到句首了。"民可使由之,不可使知之"完全符合这一类句子的特点,我们可以这样理解：这个句子的原型是"可使民由之,不可使民知之",但为了强调"民",就把它提到句首作为话题。既然"民"已经到了句首,在"使"后面就不能再出现,也不能用"之"来复指了。

既然"可使民由之,不可使民知之"在语法上完全能够成立,剩下的问题就是怎样理解其意思。很多注释和讨论的文章已经说到,这句话的意思和《孟子》的一句话是一致的：

《孟子·尽心上》："孟子曰：'行之而不著焉,习矣而不察焉,终身由之而不知其道者,众也。'"

意思是民众是能"由之"而不能"知之"的。再回过头来看《论语》,孔子有很多话都把"民"看作"使"或"劳"的对象：

1.5 子曰："道千乘之国,敬事而信,节用而爱人,使民以时。"

5.16 子谓子产："有君子之道四焉：其行己也恭,其事上也敬,其养民也惠,其使民也义。"

12.2 子曰："出门如见大宾,使民如承大祭。"

14.41 子曰："上好礼,则民易使也。"

17.4 子之武城,闻弦歌之声。夫子莞尔而笑,曰："割鸡焉用牛刀？"子游对曰："昔者偃也闻诸夫子曰：'君子学道则爱人，小人学道则易使也。'"子曰："二三子！偃之言是也。前言戏之耳。"

19.10 子夏曰："君子信而后劳其民；未信，则以为厉己也。信而后谏；未信，则以为谤己也。"

可见，"可使民由之，不可使民知之"是符合孔子的思想的，作为春秋时期的思想家，孔子不可能主张启发民智。我们可以说这是他的局限性，但不必想方设法地把他的话解释得和我们所期望的一样，更不必改动句读来改变这句话的意思。

但另一方面，在怎样"使民"的问题上，孔子反对酷虐专横，反对横征暴敛。孔子的弟子宰我回答哀公问社时说"使民战栗"，孔子责备了他(3.21)，冉求为季氏聚敛，孔子让"小子鸣鼓而攻之"(11.17)。孔子的思想由此可知。《礼记》上说的"苛政猛于虎"的故事，无法证明是孔子的话，但既然记载在儒家的经典上，可以代表儒家的思想。

《论语》中的这两章也值得注意：

13.9 子适卫，冉有仆。子曰："庶矣哉！"冉有曰："既庶矣。又何加焉？"曰："富之。"曰："既富矣，又何加焉？"曰："教之。"

11.26 对曰："方六七十，如五六十，求也为之，比及三年，可使足民。如其礼乐，以俟君子。"

13.9中"富之""教之"的"之"，显然指的是"民"，对民首先要"富之"，然后要"教之"。11.26冉有说要"足民"，然后要教之礼乐，孔子表示肯定。这些都表明，孔子认为对"民"还是要施行教育的。孔子并不是"愚民政策"的提倡者。

五

　　孔子为了实现他的主张，栖栖遑遑，四处奔波，"知其不可而为之"是对他很恰当的评价。他是"入世"的。但在屡次碰壁之后，也会有些消极的"出世"之想。下面讨论《论语》中有关的几章。

　　18.7　子路从而后，遇丈人，以杖荷蓧。子路问曰："子见夫子乎？"丈人曰："四体不勤，五谷不分，孰为夫子？"植其杖而芸。子路拱而立。止子路宿，杀鸡为黍而食之，见其二子焉。明日，子路行，以告。子曰："隐者也。"使子路反见之。至，则行矣。子路曰："不仕无义。长幼之节，不可废也；君臣之义，如之何其废之？欲洁其身，而乱大伦。君子之仕也，行其义也。道之不行，已知之矣。"

　　【论语集解】包曰："……丈人云：不勤劳四体，不分植五谷，谁为夫子而索之耶？"

　　【经典释文】不分，包云"如字"。郑扶问反，云："犹理。"

　　【论语义疏】分，播种也。……言当今乱世，汝不勤劳四体以播五谷，而周流远走，问谁为汝之夫子，而问我索之乎？袁氏曰其人已委曲识孔子，故讥之四体不勤，不能如禹稷躬植五谷，谁为夫子而索耶？

　　【论语集注】分，辨也。五谷不分犹言不辨菽麦尔。责其不事农业而从师远游也。

　　吕本中《紫薇杂说》："'四体不勤'二语，荷蓧丈人自谓。"

　　宋翔凤《论语发微》："包注云云，亦以四体不勤五谷不分为自述其不遑暇逸之意,故不能知孰为夫子,以答子路,非以责子路也。"①

俞樾《群经平议》卷三十一:"分当读为粪,声近而误也。……两'不'字并语词。不勤,勤也。不分,分也。……丈人盖自言惟四体是勤五谷是粪而已,焉知尔所谓夫子?若谓以不勤不分责子路则不情矣。"

这一章的意思其实很明确,用不着讨论。"四体不勤,五谷不分"这两句话,是对子路说的;说是"丈人自谓"难以说通。因为《微子》篇的18.5、18.6、18.7三章都是隐士和孔子及其弟子的对话,隐士对他们都有责难,本章的"四体不勤,五谷不分"也是如此;而"丈人"面对一个问讯者无缘无故地自责,是完全不合情理的。说"不"为语词,也不可取。王引之《经传释词》卷十:"不《玉篇》曰:'不,词也。'"举例甚多,其中有的"不"为通"丕",有的"不"为"岂不",有少数"不"确实无义。但这一章的两"不"说成语词也难以说通。这些解释都是出于维护"圣人"的形象。"分"解释为"分辨"比较平实,解释为"播种"或"分(粪)理"较为迂曲。

5.21　子曰:"宁武子,邦有道,则知;邦无道,则愚。其知可及也,其愚不可及也。"

8.13　子曰:"笃信好学,守死善道。危邦不入,乱邦不居。天下有道则见,无道则隐。邦有道,贫且贱焉,耻也;邦无道,富且贵焉,耻也。"

14.3　子曰:"邦有道,危言危行;邦无道,危行言孙。"

15.7　子曰:"直哉史鱼! 邦有道,如矢;邦无道,如矢。

---

① 转引自程树德《论语集释》。

君子哉蘧伯玉！邦有道，则仕；邦无道，则可卷而怀之。”

　　5.7　子曰：“道不行，乘桴浮于海。从我者，其由与？”子路闻之喜。子曰：“由也好勇过我，无所取材。”

　　【论语集解】郑曰：“子路信夫子欲行，故言‘好勇过我’也。‘无所取材’者，言无所取桴材也。子路不解，微言戏之耳。”一曰：“子路闻孔子欲浮海便喜，不复顾望。故孔子叹其勇曰：‘过我，无所取哉！’言唯取于己也。古‘材’‘哉’同。”

　　【论语义疏】孔子本意托乘桴激时俗，而子路信之将行。

　　【论语注疏】言我之善道中国既不能行，即欲乘其桴筏浮渡于海而居九夷，庶几能行己道也。

　　【论语集注】材与裁同，古字借用。程子曰：“浮海之叹，伤天下之无贤君也。子路勇于义，故谓其能从己，皆假设之言耳。子路以为实然而喜夫子之与己，故夫子美其勇，而讥其不能裁度事理以适于义也。”

　　【论语正义】《汉书·地理志》：“殷道衰，箕子去之朝鲜，教其民以礼义。……故孔子悼道不行，设浮于海，欲居九夷，有以也。”颜注：“言欲乘桴筏而适东夷，以其国有仁贤之化，可以行道也。”据《志》言，则浮海指东夷，即勃海也。

　　【论语译注】材——同“哉”，古字有时通用。有人解做木材……这种解释一定不符合孔子原意。也有人把“材”看做“剪裁”的“裁”……这种解释不知把“取”字置于何地。【译文】把“无所取材”译为“这就没有什么可取的呀”。

本章的“材”有三种解释。（1）桴材。作桴的材料。（2）“材”通“哉”。这种用法其实很少见。（3）“材”通“裁”。裁度事理。《论语译注》已指出，这样解释，“取”字没有着落。所以，一般取第

(1)说。

关于本章的内容，可以和9.14一起讨论。

9.14　子欲居九夷。或曰："陋，如之何？"子曰："君子居之，何陋之有？"

【论语集解】马曰："君子所居则化。"

【论语义疏】孔子圣道不行于中国，故托欲东往居于九夷也。亦如欲乘桴浮海也。……孔子答云：君子所居即化，岂以鄙俗为疑乎？

【论语集注】欲居之者，亦乘桴浮海之意。

【论语正义】子欲居九夷与乘桴浮海皆谓朝鲜。夫子不见用于中夏，乃欲行道于外域，则以其国有仁贤之化故也。说见前浮海疏。……"君子居之"，指箕子言，非孔子自称为君子也。

【论语新解】君子居之，何陋之有：孔子此答，亦与浮海章无所取材语风趣略同。若必谓孔子抱化夷为夏之志，则反失之。

5.7和9.14内容相关，所以放在一起讨论。5.7，《论语义疏》认为是孔子"托乘桴激时俗"，即孔子对时俗而发的感慨之言。《论语注疏》认为孔子是要浮海居九夷而行道。5.7和9.14《论语正义》则根据《汉书·地理志》和颜注，认为孔子要去的地方是朝鲜，因为箕子曾在那里行教化，甚至说"君子居之"的"君子"指箕子。关于这个问题，《论语新解》说得很好：这样来解释《论语》的这两章，是"反失之"。刘禹锡《陋室铭》："斯是陋室，惟吾德馨。……孔子云：'何陋之有？'"这虽然不是《论语》的注释，但这样理解和引用都很得当。"君子居之，何陋之有?"不是说君子去行了教化，就不陋了，而是说陋与不陋，不在于所居之地，而在于居住之人。居住之人有德，此地就不陋了。这两章分明是孔子的感慨之言，当他周游列国而到处不遇时，难免有感慨，所以说要乘桴浮海，要居九夷。但有些注释硬要把这两章和"行教化"连在一起，这不是对《论语》的正确解读。

怎样理解孔子的话?《礼记·檀弓上》有一段话对我们有启发：

有子问于曾子曰："问丧于夫子乎?"曰："闻之矣：丧欲速贫，死欲速朽。"有子曰："是非君子之言也。"曾子曰："参也闻诸夫子也。"有子又曰："是非君子之言也。"曾子曰："参也与子游闻之。"有子曰："然，然则夫子有为言之也。"

曾子以斯言告于子游。子游曰："甚哉，有子之言似夫子也。昔者夫子居于宋，见桓司马自为石椁，三年而不成。夫子曰：'若是其靡也，死不如速朽之愈也。'死之欲速朽，为桓司马言之也。南宫敬叔反，必载宝而朝。夫子曰：'若是其货也，丧不如速贫之愈也。'丧之欲速贫，为敬叔言之也。"

曾子以子游之言告于有子，有子曰："然，吾固曰：非夫子之言也。"曾子曰："子何以知之?"有子曰："夫子制于中都，四寸之棺，五寸之椁，以斯知不欲速朽也。昔者夫子失鲁司寇，将之荆，盖先之以子夏，又申之以冉有，以斯知不欲速贫也。"

"丧欲速贫，死欲速朽。"这明明是孔子说过的话，不但曾子听到，而且子游也一起听到，为什么有子再三坚持说"是非君子之言"? 因为有子认为，这是"夫子有为言之"，也就是说，这是在某种特定的场合，孔子针对某一具体事件而说的话。更重要的是，孔子自己的行为表明,他不主张"丧欲速贫,死欲速朽"。

《礼记》是孔门后学所撰,这些话是否真是孔子、曾子、子游、有子说的,无法确证。但即使是一个传说或一个故事,这个传说或故事所讲的道理是对的,对我们有启发。我们在读《论语》时,不能只根据上面记载的孔子的片言只语,就认定孔子的思想如何如何。即使这句话确实是孔子说的,也要看孔子是在什么场合,为什么而说,还要把孔子其他的言论和行为综合起来加以分析判断。这是我们读《论语》的正确方法。

六

还有一章需要讨论。

11.26　"点,尔何如?"鼓瑟希,铿尔,舍瑟而作。对曰:"异乎三子者之撰。"子曰:"何伤乎? 亦各言其志也。"曰:"莫春者,春服既成,冠者五六人,童子六七人,浴乎沂,风乎舞雩,咏而归。"夫子喟然叹曰:"吾与点也!"

这是节选了 11.26 的一部分。

(一) 这一部分的第一个问题是:"风"和"浴"如何解释?

《论衡·明雩》:"曾晳对孔子言其志曰:'暮春者,春服既成,冠者五六人,童子六七人,浴乎沂,风乎舞雩,咏而归(黄晖注:"齐曰:归当作馈。")。'孔子曰:'吾与点也!'鲁设雩祭于沂水之上。暮者,晚也;春谓四月也。春服既成,谓四月之服成也。冠者、童子,雩祭乐人也。浴乎沂,涉沂水也,象龙之从水中出也。风乎舞雩,风,歌也。咏而馈,咏歌馈祭也,歌咏而祭也。说论之家,以为浴者,浴沂水中也,风,干身也。周之四月,正岁二月也,尚寒,安得浴而风干身? 由此言之,涉水不浴,雩祭审矣。……孔子曰吾与点也,善点之言欲以雩祭调和阴阳,故与之也。"

【经典释文】归,郑本作"馈",馈酒食也。鲁读"馈"为"归",今从古。

【论语集解】包曰:"莫春者,季春三月也。春服既成,衣单裌之时。……浴乎沂水之上,风凉乎舞雩之下,歌咏先王之道,归夫子之门也。"

【论语笔解】韩曰:浴当为沿字之误也。周三月,夏之正月,安有浴之理?

【论语集注】浴,盥濯也,今上巳祓除是也。沂,水名,在鲁城南,《地志》以为有温泉焉,理或然也。

【四书稗疏】朱子云"《地志》以为沂有温泉"者,乃出自泰山盖县之沂水,东南经齐、莒之境,南至下邳入泗者也。《水经注》言彼沂水至阳都县南合温水,上承温泉陂西南入沂水,则温、沂之合在今沂州境内,去鲁数百里而遥,曾晳何事跋涉以往浴乎? 此之沂水与彼沂水名同实异,出鲁城东南尼丘山,平地发泉,绕鲁城东门,北对雩门,门南隔水有雩坛。郦道元云:"曾点所欲风舞处也。"……两沂水相去悬绝。

《宋书·礼志二》:"《(礼记·)月令》:'季春,天子始乘舟。'蔡邕章句:'乘舟,禊于名川也。《论语》:暮春者浴乎沂。今三月上巳被禊于水滨,盖出于此。'"

因为时当暮春,即夏历二月,天气尚寒,如何能"浴乎沂,风乎舞雩"？所以《论衡》解释"浴乎沂"为"涉沂水""风"为"风咏"；蔡邕解释"浴"说：今之"被禊""盖出于此"；《论语集注》解释"浴"为"盥濯"，即"今上巳祓除"，而且说沂水有温泉。"温泉"之说，《四书稗疏》已加辩正，不可据。究竟如何解决"暮春"和"浴"的矛盾，只能阙疑。

（二）本章的第二个问题是：孔子为何"与点"？

【论语集解】周曰："善点独知时。"

【论语义疏】当时道消世乱，驰竞者众，故诸弟子皆以仕进为心，唯点独识时变，故与之也。

【论语注疏】（曾晳曰）"……我欲……歌咏先王之道，而归夫子之门也。"……夫子闻其乐道，故喟然而叹曰：吾与点之志。善其独知时，而不求为政也。……仲尼祖述尧舜，宪章文武，生值乱时而君不用。三子不能相时，志在为政。唯曾晳独能知时，志在澡身浴德，咏怀乐道，故夫子与之也。

【论语集注】曾点之学，盖有以见夫人欲尽处，天理流行，随处充满，无少欠阙，故其动静之际从容如此。……而其胸次悠然，直与天地万物上下同流，各得其所之妙，隐然自见于言外。……程子又曰："孔子与点，盖与圣人之志同，便是尧舜气象也。"（所引程子语，见《二程遗书》卷十二）

【论语新解】本章吾与点也之叹，甚为宋明儒所乐道，甚有谓曾点便是尧舜气象者。此实深染禅味。朱注《论语》亦采其说，然此后《语类》所载，为说已不同。

从《论语集解》到《论语注疏》，都说得很清楚：孔子与点，是因为他"知时"，不求仕进。其实这表达了孔子自己的感慨。而到朱熹《论语集注》引程子语，谓"尧舜气象"，那就拔高了许多。杨慎《升庵集》卷四十五："（朱子）易箦之前，悔不改浴沂注一章，留为后学病根。"《论语新解》认为"尧舜气象"之说实深染禅味，并说《朱子语类》所载已有不同。今按：《朱子语类》卷四十朱熹与其弟子多次论及此事，总体上朱熹仍坚持"尧舜气象"之说，如"明道云：'万物各遂其性。'此一句正好看'尧舜气象'。且看暮春时物态舒畅如此，曾点情思又如此，便是各遂其性处。尧舜之心亦只是要万物皆如此尔。孔子之志，欲得'老者安之，少者怀之，朋友信之'亦是此意。"但也说"夫子与点，以其无所系著，无所作为，皆天理之流行。……然未见得其做事时如何。若只如此忽略，恐却是病，其流即庄老耳。"其实，曾点所说和"尧舜气象"根本无关，照旧注解释即可。

第六章　孔子的修身和教育思想

《论语》中有很多关于修身和教育的内容，对我们都很有启发。

一

这是孔子对自己人生几个阶段的概括：

2.4　子曰："吾十有五而志于学，三十而立，四十而不惑，五十而知天命，六十而耳顺，七十而从心所欲，不逾矩。"

【论语集解】郑曰："耳顺，闻其言而知其微旨也。"

【论语义疏】顺，谓不逆也。人年六十，识智广博，凡厥万事，不得悉须观见，但闻其言，即解微旨，是所闻不逆于耳，故曰"耳顺"也。故王弼云："耳顺，言心识在闻前也。"孙绰云："耳顺者，废听之理也，朗然自玄悟，不复役而后得，所谓'不识不知，从帝之则'也。"李充云："耳顺者，听先王之法言，则知先王之德行，从帝之则，莫逆于心，心与耳相从，故曰耳顺也。"

【论语笔解】"耳"当为"尔"，犹言如此也。既知天命，又如此顺天也。

【论语集注】声入心通，无所违逆。知之之至，不思而得也。

本章的问题是"耳顺"。"耳顺"确实不好懂，我们也不必强为之解。傅佩荣认为"耳"为衍文①，但没有很充分的证据。而且，定州简本《论语》就作"耳顺"，《论衡》也作"耳顺"，可见汉代的本子就是这样了。

　　《论衡·知实》："孔子曰：'吾十有五而志于学，三十而立，四十而不惑，五十而知天命，六十而耳顺。'从知天命至耳顺，学就知明，成圣之验也。"

二

（一）作为一个学者和教育家，孔子"学而不厌，诲人不倦"。这种精神，直到今天还使人万分敬仰

7.2　子曰："默而识之，学而不厌，诲人不倦，何有于我哉？"

　　本章的"何有于我哉"有两种解释：一是自居（对我有什么困难），一是自谦（我做到了哪些）。

　　【论语集解】郑曰："无是行于我，我独有之也。"（《论语正义》云："注有讹文。当以'行'字句绝，'我'字重衍。"）

　　【论语义疏】［何有于我哉］言人无此诸行，故天下贵于我耳。若世人皆有此三行，则何复贵有于我哉？

　　【论语注疏】他人无是行，于我独有之。

　　【论语集注】何有于我，言何者能有于我也。……则谦而又谦之辞也。

　　【四书辨疑】盖言能此三事，何有如我者哉！

---

①　见傅佩荣《解读论语》，上海：上海三联书店，2007。

【论语后案】何有,不难词。全经通例,经中所言"何有"皆不难之词。

【论语正义】"何有于我",言二者之外,我无所有也。……《孟子·公孙丑篇》:"子贡问于孔子曰:'夫子圣矣乎?'孔子曰:'圣则吾不能,我学不厌而教不倦也。'子贡曰:'学不厌,知也;教不倦,仁也。仁且知,夫子既圣矣。'"观彼文,则"学不厌,教不倦"乃夫子所自任,"何有于我"乃辞圣仁不敢居之也。下篇"出则事公卿"章"何有于我"义同。……郑谓他人无是行,夫子乃独有之,与上篇"为国乎何有""于从政乎何有",何有,皆为不难也。

【论语新解】本章所举三事,尽人皆可自勉,孔子亦常以自居。……或以本章为谦辞,实非。

【论语译注】【译文】这些事情我做到了哪些呢?【注释】何有于我哉——也有人说,《论语》的"何有"都是"不难之辞",那么,这句话便该译为"这些事情对我有什么困难呢"。

【论语今注】何有,有什么呢?何有于我哉,是说除上述三桩事是我能做到的以外,在我还有什么呢?

本章的"何有于我哉"究竟是自居(对我有什么困难)还是自谦(我做到了哪些),可以对比下面所引 7.34。7.34 显然是说自己做到了"为之不厌,诲人不倦"。《孟子·公孙丑篇》(见上《论语正义》所引)也是说孔子自认为做到了"学不厌而教不倦"。当然,同一件事,在不同场合,根据不同情况,有时表示自居,有时表示自谦,也是可能的。但本章和 7.34 及《孟子》所引,场合和情况并无不同,所以都应该是表示自居。

7.34 子曰:"若圣与仁,则吾岂敢? 抑为之不厌,诲人不

倦,则可谓云尔已矣。"公西华曰:"正唯弟子不能学也。"

而且,正如《论语后案》所说,《论语》中的"何有",都是"不难之词"。最明显的是9.16:

9.16　子曰:"出则事公卿,入则事父兄,丧事不敢不勉,不为酒困,何有于我哉?"

"丧事不敢不勉",无可自谦。

在《论语》其他处,"何有"表示"不难",无一例外:

4.13　子曰:"能以礼让为国乎? 何有? 不能以礼让为国,如礼何?"

6.8　季康子问:"仲由可使从政也与?"子曰:"由也果,于从政乎何有?"曰:"赐也可使从政也与?"曰:"赐也达,于从政乎何有?"曰:"求也可使从政也与?"曰:"求也艺,于从政乎何有?"

13.13　子曰:"苟正其身矣,于从政乎何有? 不能正其身,如正人何?"

不但《论语》中如此,先秦其他文献中"何有"也是"不难之词":

《孟子·梁惠王下》:"王如好货,与百姓同之,于王何有?"

《孟子·告子下》:"屋庐子不能对,明日之邹以告孟子。孟子曰:'于答是也,何有?'"

《左传·僖公九年》:"晋郤芮使夷吾重赂秦以求入,曰:'人实有国,我何爱焉? 入而能民,土于何有?'"

《左传·僖公二十二年》:"虽及胡耇,获则取之,何有于二毛?"

《国语·晋语四》:"公子谓子犯曰:'何如?'对曰:'将夺其国,何有于妻? 唯秦所命从也。'"

《国语·楚语下》："君实有国而不爱，臣何有于死？"

《韩非子·外储说右上》："而后百姓皆惧曰：'君于颠颉之贵重如彼甚也，而君犹行法焉，况于我则何有矣？'"

（二）下面几章都反映了孔子崇高的精神境界

7.19 叶公问孔子于子路，子路不对。子曰："女奚不曰：其为人也，发愤忘食，乐以忘忧，不知老之将至云尔。"

【论语义疏】谓孔子慨世道之不行，故发愤而忘于飡食也。

【论语集注】未得则发愤而忘食，已得则乐之而忘忧，以是二者俛焉日有孳孳而不知年数之不足，但自言其好学之笃耳。

《朱子语类》卷三十四："愤，是感之极深；乐，是乐之极至。"

【论语正义】《孔子世家》言"齐景公卒之明年，孔子自蔡如叶，叶公问政"云云，"他日问孔子于子路"云云。计夫子时年六十三四岁，故称老矣。

【汇校集释】愤，借为"奋"。发愤，即发奋，言学也。

本章是孔子晚年对自己为人的概括，主要是说自己为学的精神。"发愤"也和为学有关，《论语义疏》谓"慨世道之不行"非是。《论语集注》说"未得则发愤而忘食，已得则乐之而忘忧"，指学而未得其解则发愤忘食，学而已得其解则乐而忘忧，这是对的。学未得其解故"愤"，此"愤"即 7.8"不愤不启，不悱不发"之"愤"，皇侃《论语义疏》解释说："愤，谓学者之心思义未得而愤愤然也。"即"愤懑"之"愤"。《史记·太史公自序》有一段著名的话:"昔西伯拘羑里,演《周易》;孔子厄陈蔡,作《春秋》;屈原放逐,著《离骚》;左丘失明,厥有《国语》;孙子膑脚,而论兵法;不韦迁蜀,世传《吕览》;韩非囚秦,《说难》《孤愤》;《诗》三百篇,大抵贤圣发愤之所为作也。此人皆意有所郁结,不得通其道也,故述往事,思来者。"这是说圣贤不得志而心情郁闷,"发愤"就是抒发其心情之愤。孔子这里所说的是学而未得而思虑郁结,发愤是纾解其思虑之愤。孔子所说的"发愤"和司马迁所说的"发愤",都不是"发奋"所能解释的,说"愤借为奋"未妥。"乐而忘忧"可与1.14、7.15及7.3参看,这反映了孔子的忧乐观。

1.14 子曰:"君子食无求饱,居无求安,敏于事而慎于言,就有道而正焉,可谓好学也已。"

7.16 子曰:"饭疏食饮水,曲肱而枕之,乐亦在其中矣。不义而富且贵,于我如浮云。"

7.3 子曰:"德之不修,学之不讲,闻义不能徙,不善不能改,是吾忧也。"

下面一章虽然很短,但可以看到孔子毕生的向往和追求。

4.8 子曰:"朝闻道,夕死可矣。"

【论语集解】言将至死,不闻世之有道。

【论语义疏】叹世无道,故言:假使朝闻世有道,则夕死无恨,故云"可矣"。

【论语注疏】此章疾世无道也。设若早朝闻世有道,暮夕而死,可无恨矣。

【论语集注】道者,事物当然之理。苟得闻之,则生顺死安,无复遗恨矣。朝夕,所以甚言其时之近。

【论语新解】【白话试译】先生说:"人若在朝上得闻道,即便夕间死,也得了。"

【论语译注】孔子说:"早晨得知真理,要我当晚死去,都可以。"

【论语今注】早晨得知真理,当晚可以死去。

我认为《论语集解》至《论语注疏》所言皆非是。《论语集注》所言大体近是,但说"苟得闻之,则生顺死安,无复遗恨矣",似乎是说闻道则安于生死,则并非孔子原意。其实孔子是说人生的目的在于闻道,如朝能闻道,则夕死亦无憾。《论语新解》《论语译注》的翻译是对的。这反映了孔子对"道"的追求。

那么,是否在朱熹之前对本章都不得其解?不是。下面《汉书》中引《论语》的话已是正确的理解:

《汉书·夏侯胜传》:"(宣帝欲为武帝立庙乐,夏侯胜以为不可)于是丞相义、御史大夫广明劾奏胜非议诏书,毁先帝,不道,及丞相长史黄霸阿纵胜,不举劾,俱下狱。……胜、霸既久系,霸欲从胜受经,胜辞以罪死。霸曰:'朝闻道,夕死可矣。'胜贤其言,遂授之。"

黄霸说的"闻道",指的是从夏侯胜受经。虽然身在狱中,且有死罪,但能"闻道",就死而无憾。

三

"学"是修身的一个重要方面。孔子自己说:

5.28　十室之邑,必有忠信如丘者焉,不如丘之好学也。

孔子很重视学,他认为有"仁""知(智)""信""直""勇""刚"等六种好品德而不学,就会产生"蔽":

17.8　子曰:"由也! 女闻六言六蔽矣乎?"对曰:"未也。"
"居! 吾语女。好仁不好学,其蔽也愚;好知不好学,其蔽也
荡;好信不好学,其蔽也贼;好直不好学,其蔽也绞;好勇不好
学,其蔽也乱;好刚不好学,其蔽也狂。"

但孔子认为"学"要和"思"结合起来。

2.15　子曰:"学而不思则罔,思而不学则殆。"

【论语集解】包曰:"学而不寻思其义,则罔然无所得。"何曰:"不学而思,终卒不得,使人精神疲殆也。"

【论语义疏】此章教学法也。[学而不思则罔]夫学问之法,既得其文,又宜精思其义。若唯学旧文而不思义,则临用行之时,罔罔然无所知也。……又一通云:罔,诬罔也。言既不精思,至于行用乖僻,是诬罔圣人之道也。[思而不学则殆]又若不广学旧文,而唯专意而独思,则精神疲殆,而于所业无功也。

【论语集注】不求诸心,故昏而无得。不习其事,故危而不安。

王念孙《读书杂志·史记第五》:"良工取之,拙者疑殆。"念孙案:此殆字非危殆之殆,殆亦疑也。古人自有复语耳。……《襄四年·公羊传》注曰:"殆,疑也。"《论语·为政篇》:"思而不学则殆。"言无所依据,则疑而不决也。又云"多闻阙疑,慎言其余,则寡尤;多见阙殆,慎行其余,则寡悔",殆亦疑也。……《吕氏春秋·去尤篇》:"以黄金毁者殆。"《庄子·达生篇》作"以金注者殙。"殙,迷也。殆即疑殆之殆,亦迷惑之意也。

【论语正义】《少仪》云:"衣服在躬而不知其名为罔。"郑注:"罔犹罔然,无知貌。"……夫子言:"吾尝终日不食,终夜不寝,以思,无益,不如学也。"

【论语译注】㈠ 罔——诬罔的意思。"学而不思"则受欺。似乎是《孟子·尽心下》"尽信书,则不如无书"的意思。㈡ 殆——《论语》的"殆"有两个意义,下文第十八章"多见阙殆"的"殆"当"疑惑"解(说本王引之《经义述闻》),《微子篇》"今之从政者殆而"的"殆"当危险解。这里两个意义都讲得过去,译文取前一义。

这里牵涉到两个词的解释。

1. 罔。"罔"表示"欺骗,诬罔"是常训,6.26 宰我问曰:"仁者,虽告之曰:'井有仁焉。'其从之也?"子曰:"何为其然也? 君子可逝也,不可陷也;可欺也,不可罔也。"即为此义。但"诬罔"的"罔"通常带宾语,是施加于人的动作,如果解释"罔"为"诬罔",则需如《论语义疏》所云"诬罔圣人之道也",而不能表示"受欺"。"罔"表示"罔罔然无所知"不很多见,但《礼记·少仪》郑注(见上《论语正义》所引)正作此解;用于本章也合适。

2. 殆。"思而不学则殆"句应与 15.31 参看,"吾尝终日不食,终夜不寝,以思,无益,不如学也"(见上《论语正义》所引)。这正是"思而不学"。"思而不学则殆"的"殆"应该和 15.31 的"无益"一致。诸家注释"殆"有三义:(1)危殆。此为常训,但与"无益"不合。(2)疲殆。此义见于《庄子》。《庄子·养生主》:"吾生也有涯,而知也无涯。以有涯随无涯,殆已。"注:"以有限之性寻无极之知,安得而不困哉!"《经典释文》:向(秀)云:"殆,疲困之谓。"昼夜思之,疲困已极,而仍不得,所以无益。(3)疑殆。此义王念孙曾举多个例证,且《论语》中"阙疑""阙殆"互文。昼夜思之,犹疑惑不解,所以无益。就文意而言,"疲殆""疑殆"都和"无益"一致,但训"疑殆"论据更充分,当从之。

四

"学"和"知"有密切的关系。孔子很有影响的一句话是"知之为知之,不知为不知"。

2.17 子曰:"由!诲女知之乎!知之为知之,不知为不知,是知也。"

【论语义疏】孔子呼子路名,云:"我欲教汝知之文事乎!"……[是知]若不知云知,此则是无知之人耳。若实知而云知,此则是有知之人也。

【经典释文】**知也**　如字,又音智。

【论语集注】我教女以知之之道乎!但所知者则以为知,所不知者则以为不知,如此则虽或不能尽知,而无自欺之蔽,亦不害其为知矣。况由此而求之,又有可知之理乎?

【论语正义】"诲女知之"者,言我诲女之言,女知之否耶?俞氏樾《平议》据《荀子·子道篇》及《韩诗外传》所述此文并言"志之",谓"知"与"志"通,亦是也。

《论语正义》于此下转述《荀子》《韩诗外传》文,为醒目起见,另引如下：

　　《荀子·子道》："子路趋而出，改服而入，盖犹若也。孔子
曰：'志之！吾语汝：奋于言者华，奋于行者伐。色知而有能
者，小人也。故君子知之曰知之，不知曰不知，言之要也。能
之曰能之，不能曰不能，行之至也。'"

　　《韩诗外传》卷三："孔子曰：由，志之！吾语汝：夫慎于
言者不哗，慎于行者不伐，色知而有长者，小人也。故君子知
之为知之，不知为不知，言之要也。能之为能之，不能为不能，
行之要也。"

　　历来注释都说本章为"孔子抑子路兼人"，但实际上"知之为知
之，不知为不知"是对"知"的态度，并非专对子路而发，而是有普遍
意义的。

　　第一句"诲女知之乎"，俞樾认为"知"通"志"，让子路记住。和
《荀子》《韩诗外传》相关段落对照，是有可能的，可备一说。但本章
主旨言"知"，故第一句还是不改读为"志"更好。按"知之"读，仍有
两种解释：一是《论语义疏》《论语集注》解释为"教汝知之之道"，
一是《论语正义》解释为"我诲汝之言，汝知之否"。从文意看，"知
之为知之，不知为不知"即"知之之道"，故前一说为优。

　　最后一句"是知也"，有两种读法，《经典释文》已注明，一为"如
字"，即读为"知（zhī）"，意思为"这就是知"，如《论语集注》所说，
"不害其为知"，并且可以进一步由"不知"而成为"知"。一为"音智
（zhì）"，意思为"这就是智慧"。后一说较浅，不如前一说意味
深长。

　　有一个问题："知之为知之，不知为不知"，为什么前一句的
"知"后面有"之"，后一句"不知"后面没有"之"？这是上古汉语的

语法规律：一般及物动词后面都要有宾语(名词或代词"之")，如果在及物动词前面已有否定词"不"，后面就可以不带宾语。那么，为什么"是知也"的"知"后面没有"之"？这是因为前面的"知"都是具体的，对某件事物的"知"，而"是知也"的"知"是表类指的，即表示某类动作，这时后面不加"之"。比如，杀某个人，都要把对象说出来，或说"杀之"，如"桓公杀公子纠"(14.16)，"齐人取子纠杀之"(春秋庄公九年)。但表某类动作，就只说"杀"，如"子为政，焉用杀"(12.19)，这个问题关系到上古汉语语法，一般读者不需要深入了解，就说到这里。

五

交友也是修身的一个重要方面，《论语》中有不少有关的论述。需要讨论的是 1.8 中的一句："无友不如己者"。

1.8　子曰："君子不重，则不威；学则不固。主忠信。无友不如己者。过，则勿惮改。"

【论语义疏】[无友不如己者]又明凡结交取友，必令胜己，胜己，则己有日所益之义；不得友不如己，友不如己，则己有日损，故云"无友不如己者"。或问曰："若人皆慕胜己为友，则胜己者岂友我耶？"或通云："择友必以忠信者为主，不取忠信不如己者耳，不论余才也。"

【论语笺解】无友不如己，非拒之也，不恃之以辅吾仁也。

【论语正义】不如己者即不仁之人。夫子不欲深斥，故只言不如己而已。

【论语疏证】友，谓求结纳交也。纳交于胜己者，则可以进德辅仁。不如己之人而求与之交，无谓也。至不如我者以我胜彼而求与我为交，则义不得拒也。

这句话的意思是和16.4一致的：交的朋友好，对自己有益，交的朋友不好，对自己有损。

16.4 孔子曰："益者三友，损者三友。友直，友谅，友多闻，益矣。友便辟，友善柔，友便佞，损矣。"

但这句话之所以有不同解释，是因为和19.3有矛盾。

19.3 子夏之门人问交于子张。子张曰："子夏云何？"对曰："子夏曰：'可者与之，其不可者拒之。'"子张曰："异乎吾所闻：君子尊贤而容众，嘉善而矜不能。我之大贤与，于人何所不容？我之不贤与，人将拒我，如之何其拒人也？"

"吾所闻"很可能是闻于夫子。无论是否闻于孔子，但"我之大贤与，于人何所不容？我之不贤与，人将拒我，如之何其拒人也"，这个道理是对的。《论语义疏》也说到，如果人人都只与胜于己的人为友，那么，胜于己的人不也就不和我为友了吗？所以，一些注释说，"无友不如己"只是不和在忠信方面不如己之人交友，而并非和一般不如己者都不为友；《论语正义》更是把"不如己者"解释为不仁之人，以此来解决这个矛盾。

其实，这里更重要的是"友"和"交"的区别。1.8说的是"友"，"友"是结为好友；19.3说的是"交"，"交"是一般交往。《论语疏证》的意见是对的，"友"的对象应是胜己者，"交"则不如己者亦不得拒。而且，我们在前面已经说过，读《论语》时不能对一句话作机械的理解，而要把它和其他话联系起来综合理解。1.8所说的"不如己"者，主要是指16.4所说的"损者三友"，和这些人不能为友。

但如果是一般交往,那么,"不善者"也可以为师。可与 7.22 参看。

7.22　子曰:"三人行,必有我师焉:择其善者而从之,其不善者而改之。"

本章有不同版本。

定州简本作"我三人行,必得我师焉"。

【论语校勘记】唐石经、皇本"三"上有"我"字,"有"作"得"。……《释文》与唐石经、皇本合。

作"我三人行",则明确三人中有我。《论语集解》《论语义疏》即按此解释。

【论语集解】言我三人行,本无贤愚;择善从之,不善改之,故无常师。

【论语义疏】此明人生处世则宜更相进益,虽三人同行,必推胜而引劣,故必有师也。……或问曰:"何不二人,必云三人也?"答曰:"二人则彼此自好,各言我是。若有三人,则恒一人见二人之有是非明也。"

大概朱熹看到的本子已无"我"字,所以要说"其一我也"。

【论语集注】三人同行,其一我也。彼二人者,一善一恶,则我从其善而改其恶焉。是二人者皆我师也。尹氏曰:"见贤思齐,见不贤而内自省,则善恶皆我之师,进善其有穷乎!"

【论语后录】子产曰:"其所善者,吾则行之。其所恶者,吾则改之。是吾师也。"此云善不善当作是解,非谓三人中有善不善也。

【论语正义】"三人"者,众辞也。"行"者,行于道路也。……注(愚按:指《论语集解》)似以"行"为"言行"之行。

三人之行，本无贤愚，其有善有不善者，皆随事所见，择而从之、改之，非谓一人善，一人不善也。既从其善，即是我师。于义亦可通也。

【论语集释】此章三说各不相同，当以《集解》为正，钱氏解(愚按：指《论语后录》)次之，《集注》为下。

【论语新解】【白话试译】先生说："三人行，其中必有我师了。择其善的从之，不善的便改。"

【论语译注】孔子说："几个人一块走路，其中便一定有可以为我所取法的人；我选取那些优点而学习，看出那些缺点而改正。"

【论语今注】这是说，和几个人同行，其中一定有可以为我所效法的人。

【汇校集释】行，当谓行事。……其善、其不善，指二人之主见，非谓其人，钱说近是。此孔子诲人不可固执己见也。旧以行为行路，行路岂有善不善之别？既行路，又何知其善不善？且彼二人何必一善一不善？朱子误甚。

本章有三种解释：(1)"三人行"为三人同行，其中有善者，有不善者，我或从之，或改之。此意《论语集注》说得最明确。(2)"行"为言行之行。其行有善有不善，我或从之，或改之。此意为刘宝楠对《论语集解》的解释。(3)"善""不善"为子产所言之意。这是钱坫《论语后录》的解释。

子产之言见于《左传》：

《左传·襄公三十一年》"郑人游于乡校，以论执政。然明谓子产曰：'毁乡校，何如？'子产曰：'何为？夫人朝夕退而游焉，以议执政之善否。其所善者，吾则行之。其所恶者，吾则改之。是吾师也。若之何毁之?'"

第(3)种意见不妥。子产说的"其所善者""其所恶(wù)者"是郑人所认为好的和郑人所厌恶的事情,和本章的"善者""不善者"不是一回事。第(1)种意见和第(2)种意见的分歧不但在于"行",而且在于"善者""不善者":照第(1)种意见,"善者""不善者"指人;照第(2)种意见,"善者""不善者"指事。"人"和"事"这两种解释,如果仅就"择其善者而从之,其不善者而改之"一句看,都可以讲通。但和"我三人行,必有我师焉"联系起来看,意思却不一样:可以说善与不善之人皆为我师,但不能说善与不善之事皆为我师。子产所说的"是吾师也"也是说议执政之人是吾师,而不是说他们的议论是吾师。再看细一点,"我三人行,必有我师焉"的"焉",是"于此"之意。"此"指什么? 也只能是人,而不是事。所以,应以第(1)种意见为是。孔子本是说明这样一个道理:人群中有善的,有不善的,都值得我学习或借鉴,所以都是我的老师。说"三人行",是把范围缩到最小,即使只有三个(其中一个是自己)同行之人,也会有善有不善。如果问:"行路岂有善不善之别? 既行路,又何知其善不善? 且彼二人何必一善一不善?"那是把这一段话看得太死了,未能领会孔子的意思。

本章可参看《论语》4.17 和《老子》:

4.17　子曰:"见贤思齐焉,见不贤而内自省也。"

《老子》二十七章:故善人者,不善人之师,不善人者,善人之资。

4.17 的"贤""不贤"均指人,看"焉"字可知。《老子》更明确指人。故《论语集注》不误,现在通行的解释亦不误。

六

孔子之前,学在官府。在民间授徒讲学的,孔子是第一人。这对中国的学术文化是极大的贡献。

15.39 子曰:"有教无类。"

【论语集解】马融曰:言人在见教,无有种类。

【论语义疏】人乃有贵贱,同宜资教,不可以其种类庶鄙而不教之。教之则善,本无类也。

【论语集注】人性皆善,而其类有善恶之殊者,气习之染也。故君子有教,则人皆可以复于善,而不当复论其类之恶矣。

对于本章"无类"的解释,《论语义疏》侧重于不分贵贱,《论语集注》侧重于不分善恶。从《论语》来看,《论语义疏》近之。颜回箪食瓢饮,仲弓犁牛之子,公冶长曾在缧绁,但他们均为孔子弟子。王充《论衡·自纪》:"充细族孤门。"下面说细族孤门亦能成才,就举了一些孔子弟子之例。《论语集注》是以理学关于"性"和"习"的观点诠释《论语》,未必为《论语》本意。

"有教无类"可与7.7参看。

7.7 子曰:"自行束脩以上,吾未尝无诲焉。"

"束脩"一词,古代有三种不同的意思。

(1) 十脡脯。是进见之礼。

【论语集解】孔曰:"言人能奉礼,自行束脩以上,则皆教诲之。"

【论语义疏】古者相见必执物为贽。……束脩最是贽之至轻者也。

【论语注疏】书传言束脩者多矣,皆谓十脡脯也。《檀弓》曰:"古之大夫,束脩之问不出竟。"《少仪》曰:"其以乘壶酒束脩一犬赐人。"《榖梁传》曰:"束脩之问,不行竟中。"是知古者持束脩以为礼。然此是礼之薄者,其厚则有玉帛之属,故云"以上"以包之也。

(2) 指十五岁以上。

《后汉书·伏湛传》:"(伏湛)自行束脩,讫无毁玷,笃信好学,守死善道。"注:"讫,竟也。玷,缺也。自行束脩,谓年十五以上。"

《后汉书·延笃传》:"且吾自束脩已来,为人臣不陷于不忠,为人子不陷于不孝。"注:"束脩,谓束带脩饰。郑玄注《论语》曰:谓年十五已上也。"

(3) 约束修整。

赵翼《陔余丛考》:"《后汉书》光武诏卓茂曰:'前密令卓茂束身自脩,执节诚固。'《邓后纪》有云:'故能束脩不触罗网。'注以'约束脩整'释之。……即以之释《论语》之'自行束脩以上',谓能饬躬者皆可教也,于义亦通。"

这三个意义的时代不同。"十脡脯"的意义最早,《论语注疏》中已引《檀弓》《少仪》《榖梁传》等的用例加以说明,这些都是较早的典籍。"年十五已上"由"行束脩"引申而来,《论语正义》:"人年十六为成人,十五以上可以行挚见师,故举其所行之挚以表其年。"所言极是。其使用时代是东汉以后。表"约束脩整"的"束脩"与"十脡脯"之"束脩"是两个结构完全不同的词,只是字面相同而已;

使用时代也是东汉以后。我们不能用后起的意义读《论语》,《论语》的"束脩"只能是"十脡脯"。这也是说收弟子不分贫富。

七

孔子的教育思想有很多宝贵的内容,如因材施教,启发式,都是我们今天应该继承的。

(一)因材施教

> 11.22　子路问:"闻斯行诸?"子曰:"有父兄在,如之何其闻斯行之?"冉有问:"闻斯行诸?"子曰:"闻斯行之。"公西华曰:"由也问闻斯行诸,子曰'有父兄在';求也问闻斯行诸,子曰'闻斯行之'。赤也惑,敢问。"子曰:"求也退,故进之;由也兼人,故退之。"

这是同一个问题,孔子对不同的学生作了不同的回答。

甚至同一句话,针对学生不同的表现,孔子也会作不同的评价:

> 9.27　子曰:"衣敝缊袍,与衣狐貉者立,而不耻者,其由也与? '不忮不求,何用不臧?'"子路终身诵之。子曰:"是道也,何足以臧?"

"不忮不求,何用不臧?"是《诗经·邶风·雄雉》中的句子,意思是说"不嫉妒,不贪求,这样,怎么会不好?"子路不贪求富贵,孔子用这话来勉励他。但子路因此而沾沾自喜,孔子又告诫他说:"是道也,何足以臧?"

（二）启发式

7.8　子曰："不愤不启，不悱不发。举一隅不以三隅反，则不复也。"

【论语集解】郑曰："孔子与人言，必待其人心愤愤，口悱悱，乃后启发为说之，如此则识思之深也。说则举一隅以语之，其人不思其类，则不复重教之。"

【论语义疏】愤，谓学者之心思义未得而愤愤然也。启，开也。悱，谓学者之口欲有所谘而未能宣，悱悱然也。发，发明也。……隅，角也。……譬如屋有四角，已示之一角，余三角从类可知。若此人不能以类反识三角，则不复教示也。

【论语集注】愤者，心求通而未得之意。悱者，口欲言而未能之貌。启，谓开其意。发，谓达其辞。物之有四隅者，举一可知其三。反者，还以相证之义。复，再告也。

【论语校勘记】"举一隅"，皇本、高丽本"隅"下有"而示之"三字。案《文选·西京赋》注引有此三字。又，晁公武《蜀石经考异》云："'举一隅'下有'而示之'三字，与李鹗本不同。"据此则古本当有此三字也。

本章诸家注释已很清楚。如果古本作"举一隅而示之"，意思就更为清楚。

11.4　子曰："回也非助我者也，于吾言无所不说。"

本章可与2.9参看。学生对于老师的话"无所不说"，孔子是不赞成的。一方面，如下面2.9所说，孔子要求学生有所"发"；一方面，孔子要求学生对老师有所"助"。这就是《礼记·学记》所说的"教学相长"。

2.9 子曰："吾与回言终日，不违，如愚。退而省其私，亦足以发，回也不愚。"

【论语集解】察其退还与二三子说绎道义，发明大体，知其不愚也。

【论语义疏】今孔子终日所言，即入于形器，故颜子闻而即解，无所谘问，故不起发我道，故言"终日不违也"。……省，视也。其私，谓颜私与诸朋友谈论也。

【论语注疏】孔子言：我与回言终竟一日，亦无所怪问。……回既退还，而省察其在私室与二三子说绎道义，亦足以发明大体。

【论语集注】私，谓燕居独处，非进见请问之时。发，谓发明所见之理。愚闻之师曰："颜子……其闻夫子之言默识心融，触处洞然，自有条理，故终日言，但见其不违如愚人而已。及退省其私，则见其日用动静语默之间，皆足以发明夫子之道。"

《朱子语类》卷二十四："私不专在无人独处之地，或有人相对坐，心意默所趋向，亦是私。""虽未尽见于行事，其理亦当有发见处。""此夫子退而省察颜子之私如此。""问：'"亦足以发"莫是所以发明夫子所言之旨否？'曰：'然。且如夫子告以非礼勿视听言动，颜子受之，不复更问如何是礼与非礼。但是退而省察颜子之所为，则直是视听言动无非礼也。此则足以发夫子之言也。'"

【经读考异】按此凡两读，一读至"言"字绝句，"终日"属下连文。一读至"日"字绝句，"不违如愚"又一句。义并同。

【论语正义】终日者，竟日也。"终日"属上为句。……《注》谓"退与二三子说绎道义"，则私谓燕私，与群弟子同居学中时也。……朱子《集注》以"私"为燕居独处，亦通。……《周书·官人解》："省其居处，观其所方。"则省私亦观人之法。

【论语疏证】唯无所不说，故终日不违如愚。

【论语新解】退，退自师处。【白话试译】先生说："我和颜回言，整日他没有反问，像是愚鲁人一般。待他退下，我省察他的私人言行，对我所言，甚能发挥。回呀！他实在是不愚呀！"

【论语译注】【译文】孔子说：我整天和颜回讲学，他从不提反对意见和疑问，像个蠢人。等他退回去自己研究，却也能发挥，可见颜回并不愚蠢。【注释】退而省其私——朱熹的《集注》以为孔子退而省颜回的私，"则见其日用动静语默之间，皆足以发明夫子之道。"……说也可通。

【汇校集释】退，自师还也。省，自省。私，个人见解。

本章说颜回"不违如愚"，和 11.3 的颜回"于吾言无所不说"一样，是孔子不赞成的。孔子看到颜回"亦足以发"，才说"回也不愚"。这说明孔子并不喜欢弟子墨守师说，而是要求弟子有所发挥。

本章注释的分歧有三处：

(1)"终日"是连上还是连下？是说孔子终日言还是说颜回终日不违？

从事实来看，当然是孔子"言"终日，而颜回也终日"不违"，所以，这两种断句，意思没有很大差别。但从文章的逻辑和表达上，

"终日"是属上还是属下,还是有不同的。本章的"不违"肯定是说颜回,但文中"不违"的主语没有出现。如果把"回"加在"不违"前面,那么,这两种断句就是这样:

　　a. 吾与回言终日,回不违如愚。

　　b. 吾与回言,回终日不违如愚。

　　两者表达的不同是:

　　a 上句说明了"言"的时间"终日",下句"不违"的不言而喻的也是"终日"。

　　b 没有说明"言"的时间究竟是片刻还是终日,要到下句看到"终日",才能明白"言"的时间也是"终日"。

　　两者比较,a 的说法文从字顺,b 的说法有点不顺。从逻辑和表达看,"终日"应该属上。从历代注释看,《论语注疏》和《论语集注》都认为"终日"是说"言",《论语义疏》前面说"孔子终日所言",后面说"终日不违",清代武亿《经读考异》说"终日"属下。还是应从《论语注疏》和《论语集注》说。

　　(2)"退"是谁退? 是孔子退还是颜回退?

　　诸家大多以为是颜回退而孔子省其(颜回)之私。朱熹《论语集注》没有明确说,只是引其师之说,谓"及退省其私,则见其……",把"退省"连在一起,则主语应是孔子。而《朱子语类》就明确说是"夫子退而省察颜子之私"。《论语译注》认为"说也可通"。但是,"夫子退"是说不通的,因为"退"是指从尊长处退下。杨逢彬《论语新注新译》已举了不少例证,这里再补充几个《礼记》的例子:

　　　　《礼记·曲礼上》:"先生与之言则对。不与之言则趋而退。"

　　　　《礼记·曲礼上》:"凡为长者粪之礼,必加帚于箕上,以袂拘而退。"

《礼记·曲礼下》:"童子委挚而退。"

《礼记·玉藻》:"大夫拜赐而退。"

而且,《左传》有一次说到"孔子退",也是孔子从朝廷退下:

《左传·哀公十四年》:"甲午。齐陈恒弑其君壬于舒州。
孔丘三日齐,而请伐齐三。……公曰:'子告季孙。'孔子辞,退
而告人曰:'吾以从大夫之后也,故不敢不言。'"

所以,"退"只能是颜回退。而"省其私"的主语当然是孔子。
《汇校集释》说"退"是"自师退",这是对的。但说"省,自省",把
"省"看作颜渊的动作,这就不对了。

(3)"私"指什么?"发"指什么?

《论语集解》《论语义疏》均谓"私"指与诸朋友谈论,"发"指"发
明大体""起发我道",即发挥孔子所讲的内容。《论语集注》谓"私"
指其"日用动静语默",《朱子语类》说"私"是"在无人独处之地,或
有人相对坐心意默所趋向","发"是践行孔子之道。但《论语集注》
说偏重于个人修养,而本章是说学业的讲习,表明孔子要求弟子对
师说有所发挥,而不是要求弟子对师说付诸实践。墨守师说是
"愚","亦足以发(发挥)"是"不愚";而不能说不付诸实践是"愚",
能付诸实践就是"不愚"。所以,还是应取《论语集解》《论语义疏》
之说。

第七章　孔子的哲学和文艺思想

本章讨论孔子的哲学思想和文艺思想。

一

（一）"中庸"是孔子的重要思想

在《论语》中，有一章说到"中庸"：

6.29　中庸之为德也，其至矣乎！民鲜久矣。

【论语集解】庸，常也。中和可常行之德也。世乱，先王之道废，民鲜能行此道久矣，非适今。

【论语义疏】中，中和也。庸，常也。鲜，少也。言中和可常行之德，是先王之道，其理甚至善，而民少有行此者也已久，言可叹之深也。

【论语注疏】中，谓中和。庸，常也。……以世乱，先王之道废，故民罕能行此道久多时矣，非适而今也。

【论语集注】中，无过无不及之名也。庸，平常也。至，极也。鲜，少也。言民少此德，今已久矣。程子曰："不偏之谓中，不易之谓庸。中者，天下之正道。庸者，天下之定理。自世教衰，民不兴于行，少有此德久矣。"

【论语正义】《说文》:"庸,用也。"凡事所可常用,故"庸"又为常。洪氏震煊《中庸说》:"郑君《目录》云:'名曰中庸者,以其记中和之为用也。庸,用也。'注'君子中庸'云:'庸,常也。用中为常道也。'二说相辅而成。"……世之衰也,上无明天子,下无贤方伯,民无所取法。贤知之所过,愚不肖之所不及,皆无所裁度以适于道。又甚则无所忌惮,如小人之反中庸,故曰"民鲜久矣"。云"非适今"者,适,只也。《中庸篇》:"子曰:'中庸其至矣乎!民鲜能久矣'"郑注:"鲜,罕也。言中庸为道至美,顾人罕能久行。"郑意谓当时民亦能行,但不能久行。义逊此注。

《礼记·中庸》:"仲尼曰:君子中庸,小人反中庸。君子之中庸也,君子而时中。小人之中庸也,小人而无忌惮也。"郑玄注:"庸,常也。用中为常道也。"

《礼记·中庸》正义:**中庸**　郑《目录》云:"名曰中庸者,以其记中和之为用也。庸,用也。"

【经典释文】卷十四《礼记音义》:**中庸**　郑云:"以其记中和之为用也。庸,用也。"

现在我们把这些解释一起看一下。

◆ 1. "中庸"的"庸"是什么意思?

从《论语集解》到《论语集注》,都把"庸"解释为"常"。但郑玄在一处把"庸"解释为"常",在一处解释为"用"。《论语正义》认为"二说相辅而成"。朱骏声《说文通训定声》据《说文》"庸,用也"解释为"用",同时认为"常"为"用"义之引申。他引了郑玄对"庸"的两种解释,然后说:"按:中即性,庸即道。存诸心为中,发诸事为庸。其义一也。……《尔雅·释诂》:'庸,常也。'……皆一意之转注。"

其实，"用"和"常"意思差得较远，"中庸"的"庸"无法两义兼存，只能取其中一种。"中庸"的"庸"应从《论语集解》《论语义疏》《论语集注》等，解释为"常"。

◆ 2. "民鲜久矣"是什么意思？是"民鲜能行中庸之德久矣"，还是"民行中庸之德鲜能久矣"？

《论语集解》以下的注释都是前一种解释，但郑玄的注"人罕能久行"则是后一种解释。宋代孙奕《示儿篇》："言中庸之德非极至难能之事，斯民之所日用常行者也。然行之者能暂而不能久，故曰'民鲜久矣。'"虽未说是根据郑注，但和郑注的意思一样。

从句式来看，像郑玄那样解释是不对的。"……久矣"前面大多是一个主谓结构，或是"主语＋之＋谓语"的结构，表示上面所说的情况由来已久。如：

《论语·子张》："上失其道，民散久矣。"

《论语·八佾》："天下之无道也久矣。"

《左传·文公十四年》："尔求之久矣。"

《左传·僖公二十二年》："天之弃商久矣。"

也有少数句子中的"……久矣"是说前面的一个名词。如下文《左传·襄公十八年》和《国语·晋语四》的"君"，表示这个君活不久，或是说前面的某种局面，《左传·昭公十一年》例，表示这种局面维持不了多久。

《左传·襄公十八年》："子家以告公。公恐。晏婴闻之，曰：'君固无勇，而又闻是，弗能久矣。'"

《左传·昭公十一年》："楚王奉孙吴以讨于陈，曰：'将定而国。'陈人听命，而遂县之。今又诱蔡而杀其君，以围其国，虽幸而克,必受其咎,弗能久矣。"

　　《国语·晋语四》:"今君之德宇,何不宽裕也? 恶其所好,其能久矣?"

但是,没有单用一个"久"来表示"长久进行某种行为或动作"的。所以,"民鲜久矣"不能解释为"民行中庸之德鲜能久矣",而应解释为"民鲜能行中庸之德久矣"。

(二) 在《论语》中,和"中庸"有关的还有如下几章

◆ 1. "中庸"是既不能过,也不能不及

11.16　子贡问:"师与商也孰贤?"子曰:"师也过,商也不及。"曰:"然则师愈与?"子曰:"过犹不及。"

　　【论语集解】孔曰:"言俱不得中。"

　　【论语义疏】既俱不得中,则过与不及无异也。

　　【论语注疏】过当犹如不及,俱不中理也。

　　【论语集注】道以中庸为至。贤智之过虽若胜于愚不肖之不及,然其失中则一也。尹氏曰:"中庸之为德也,其至矣乎! 夫过与不及,均也。……故圣人之教,抑其过,引其不及,归于中道而已。"

"过犹不及"是因为两者皆不合中道。

什么是"中道"?《论语正义》引《礼记·仲尼燕居》说,"中道"就是"礼"。

　　【论语正义】《仲尼燕居》云:"子曰:'师! 尔过而商也不及。'子贡越席而对曰:'敢问将何以为此中者也?'子曰:'礼乎礼! 夫礼所以制中也。'"

《礼记》有一则记载可以说明这一点：

> 《礼记·檀弓上》："子夏既除丧而见，予之琴，和之而不和，弹之而不成声。作而曰：'哀未忘也。先王制礼，而弗敢过也。'子张既除丧而见，予之琴，和之而和，弹之而成声。作而曰：'先王制礼。不敢不至焉。'"

据礼制，服丧是有时间的，除丧后可以弹琴。子夏说服丧之期不敢超过，但哀伤未忘，所以弹琴而声不和。子张说除丧后可以弹琴，这种礼制不能做不到，所以弹琴而和。"弗敢过"和"弗敢不至"的标准都是礼。

13.21　子曰："不得中行而与之，必也狂狷乎！狂者进取，狷者有所不为也。"

【论语集解】包曰："中行，行能得其中者。言不得中行，则欲得狂狷者。狂者进取于善道，狷者守节无为，欲得此二人者，以时多进退，取其恒一。"

【论语集注】行，道也。狂者，志极高而行不掩，狷者，知未及而守有余。盖圣人本欲得中道之人而教之，然既不可得，而徒得谨厚之人，则未必能自振拔而有为也。故不若得此狂狷之人，犹可因其志节，而激励裁抑之以进于道，非与其终于此而已也。孟子曰："孔子岂不欲中道哉？不可必得，故思其次也。如琴张、曾晳、牧皮者，孔子之所谓狂也。其志嘐嘐然，曰：'古之人！古之人！'夷考其行而不掩焉者也。狂者又不可得，欲得不屑不洁之士而与之，是狷也。是又其次也。"

【论语新解】狂狷非过与不及，中行非在狂狷之间。《中庸》："贤者过之，不肖者不及"。不能移说此章之中行。

本章之"中行"即"中道",但"狂狷"非过与不及。《论语新解》之说是。那么,"狂狷"与"中道"是什么关系呢? 可参看《朱子语类》中的一段话:

> 《朱子语类》卷四十三:"问'不得中行而与之'一段。曰:'谨厚者虽是好人,无益于事,故有取于狂狷。然狂狷者又各堕于一偏。中道之人,有狂者之志,而所为精密;有狷者之节,又不至于过激;此极难得。'"

狂者志向高,要使之行事精密;狷者有节操,要使之不至过激;使两者都恰到好处,这就达到了"中道"。

◆ 2. "中庸"要"和"

《礼记·中庸》有如下相连的两章:

> "喜怒哀乐之未发,谓之中;发而皆中节,谓之和;中也者,天下之大本也;和也者,天下之达道也。致中和,天地位焉,万物育焉。"

> "仲尼曰:'君子中庸,小人反中庸。君子之中庸也,君子而时中;小人之中庸也,小人而无忌惮也。'"

> 朱熹注:"变'和'言'庸'者,游氏曰:'以性情言之,则曰中和,以德行言之,则曰中庸是也。'然中庸之'中',实兼'中和'之义。"

朱熹的意思是:《礼记·中庸》的前面一章说"中和",后面一章说"中庸","中和"与"中庸"是一样的,由此可见"中庸之'中',实兼'中和'之义"。

《礼记·中庸》是战国时期的儒家思想,未必能据此来说明《论语》中的"中庸"也包括"和"。但孔子对"和"确实是很重视的。在《论语》中说到"和"的有如下几章:

1.12 有子曰:"礼之用,和为贵。先王之道,斯为美;小大由之。有所不行,知和而和,不以礼节之,亦不可行也。"

【论语集解】马融曰:"人知礼贵和,而每事从和,不以礼为节,亦不可行也。"

【论语义疏】[礼之用,和为贵]此以下明人君须行化,必礼乐相须,用乐和民心,以礼检民迹。迹检心和,故风化乃美。故云:礼之用,和为贵。和即乐也,变乐言和,见乐功也。乐既言和,则礼宜云敬,但乐用在内为隐,故言其功也。[先王之道,斯为美]先王谓圣人,为天子者也。斯,此也。言圣天子之化行,礼亦以此用和为美也。[小大由之,有所不行]由,用也。若小大之事皆用礼而不用和,则于事有所不行也。[知和而和,不以礼节之,亦不可行也]上明行礼须乐,此明行乐须礼也。人若知礼用和,而每事从和,不复用礼为节者,则于事亦不得行也。所以言"亦"者,沈居士云:"上纯用礼不行,今皆用和,亦不可行也。"

【论语注疏】"小大由之,有所不行"者,由,用也。言每事小大皆用礼,而不以用乐和之,则其政有所不行也。

【论语集注】[有子曰……由之]礼者,天理之节文,人事之仪则也。和者,从容不迫之意。盖礼之为体虽严,而皆出于自然之理,故其为用,必从容而不迫,乃为可贵。先王之道,此其所以为美,而小事大事无不由之也。[有所……可行也]承上文而言,如此而复有所不行者,以其徒知和之为贵而一于和,不复以礼节之,则亦非复礼之本然矣,所以流荡忘返,而亦不可行也。程子曰:"礼胜则离,故礼之用和为贵。先王之道以斯为美,而小大由之。乐胜则流,故有所不行者,知和而和,不以礼节之，亦不可行。"范氏曰："凡礼之体主于敬，而其用则以和为贵。敬者，礼之所以立也；和者，乐之所由生也。若有子可谓达礼乐之本矣。"愚谓严而泰，和而节，此理之自然，礼之全体也。毫厘有差，则失其中正，而各倚于一偏，其不可行均矣。

【论语正义】小大，指人言。……是言人小大皆有礼也。"有所不行"者，谓人但循礼，不知用和，故不可行。……有子此章之旨，所以发明夫子中庸之义也。……郑君《中庸目录》云："名曰中庸者，以其记中和之为用也。"……其谓"以礼节之"者，礼贵得中，知所节则知所中。

【论语新解】**和为贵**　礼主敬，若在人群中加以种种分别。实则礼贵和，乃在人群间与以种种调融。小大由之：事无大小，皆由礼，亦即皆由和。有所不行：此四字连下读，谓亦有不能行处，如下所云。【白话试译】有子说："礼之运用，贵在于和。先王之道，其美处正在此，小事大事都得由此行。但也有行不通处。只知道要和，一意用和，不把礼来作节限，也就行不通了。"

【论语译注】【译文】……他们小事大事都做得恰当。但是，如有行不通的地方，便为恰当而求恰当，不用一定的规矩制度来加以节制，也是不可行的。【注释】有所不行——皇侃《义疏》把这句属上，全文便如此读："礼之用，和为贵。先王之道，斯为美。小大由之，有所不行。……"……这种句读法值得考虑。

【论语今注】有所不行，是说有些不能通行的事。原句是"有所不行者"的省略，在古代的文法中，因为有这个"所"字，故将句末的"者"字省掉。

本章的注释,有两点分歧。

(1)本章该如何断句?

"有所不行"一句,《论语义疏》和《论语注疏》均属上,把"小大由之,有所不行"看作一句;而《论语集注》则以此句属下,把"有所不行,知和而和,不以礼节之,亦不可行也"看作一句。《论语新解》赞同此说。《论语译注》亦从此说,在"小大由之"后面用句号,在"有所不行"下面用逗号,译文也把"有所不行"属下句;但认为《论语义疏》的句读法值得考虑。《论语今注》以此句属下。

这两种断句哪一种更合适?我认为前一种有不妥处。因为,前面刚说了"礼之用,和为贵。先王之道,斯为美",是称赞"礼"与"和"的作用,怎么会立即转折,说"小大由之,有所不行"呢?"由之"的"之",应该如《论语新解》所说,兼指"礼"与"和",而且"礼之用,和为贵",实际上更强调的是"和",所以"由之"的"之"不会是只指"礼"而不包括"和"。因此,《论语义疏》所说的"若小大之事皆用礼而不用和,则于事有所不行也",并不符合原文的意思。后一种断句是对的,前面说:"礼之用,和为贵。先王之道,斯为美。小大由之。"是充分肯定了"礼"与"和"的作用,特别强调了"和"的重要,事无大小都要由此而行。后面说:"有所不行,知和而和,不以礼节之,亦不可行也。"是说"和"与"礼"必须配合,若为"和"而不以"礼"节之,也是不可行的。本章前五句说"礼"离不开"和",后四句说"和"离不开"礼",整章的层次很清楚。

(2)"和"如何解释?

《论语义疏》解释"和"为"乐",《论语集注》解释"和"为"从容不迫",均未是。《论语新解》解释"和"为"调融",是。"礼"本是讲究差等的,但既要有差等,又要有"和",才能不产生隔阂甚至对立。有子的话,是和孔子的中庸思想一致的。

13.23 子曰:"君子和而不同,小人同而不和。"

【论语集解】君子心和,然其所见各异,故曰不同。小人所嗜好者则同,然各争利,故曰不和。

【论语义疏】和谓心不争也。不同,谓立志各异也,君子之人千万,千万其心和如一,而所习立之志业不同也。……小人为恶如一,故云同也;好斗争,故云不和也。

【论语集注】和者无乖戾之心,同者有阿比之意。

【四书辨疑】凡在君父之侧、师长朋友之间,将顺其美,匡救其恶,可者献之,否者替之,结者解之,离者合之,此君子之和也。而或巧媚阴柔,随时俯仰,人曰可,己亦曰可,人曰否,己亦曰否,惟言莫违,无唱不和,此小人之同也。

【论语正义】引《郑语》"史伯曰",以及《左昭二十年》"齐侯论子犹曰",说明"同"与"和"之异,引文见下:

《左传·昭公二十年》:"齐侯至自田,晏子侍于遄台,子犹驰而造焉。公曰:'唯据与我和夫!'晏子对曰:'据亦同也,焉得为和?'公曰:'和与同异乎?'对曰:'异。和如羹焉,水、火、醯、醢、盐、梅,以烹鱼肉,燀之以薪,宰夫和之,齐之以味,济其不及,以泄其过。君子食之,以平其心。君臣亦然。君所谓可而有否焉,臣献其否以成其可;君所谓否而有可焉,臣献其可以去其否,是以政平而不干,民无争心。故《诗》曰:"亦有和羹,既戒既平。鬷嘏无言,时靡有争。"先王之济五味,和五声也,以平其心,成其政也。声亦如味,一气,二体,三类,四物,五声，六律，七音，八风，九歌，以相成也；清浊、小大、短长、疾徐，哀乐、刚柔，迟速、高下，出入、周疏，以相济也。君子听之，以平其心。心平，德和。故《诗》曰："德音不瑕。"今据不然。君所谓可，据亦曰可；君所谓否，据亦曰否。若以水济水，谁能食之？若琴瑟之专壹，谁能听之？同之不可也如是。'"

《国语·郑语》："公曰：'周其弊乎？'对曰：'殆于必弊者也。《泰誓》曰："民之所欲，天必从之。"今王弃高明昭显，而好谗慝暗昧；恶角犀丰盈，而近顽童穷固。去和而取同。夫和实生物，同则不继。以他平他谓之和，故能丰长而物归之；若以同裨同，尽乃弃矣。故先王以土与金木水火杂，以成百物。是以和五味以调口，刚四支以卫体，和六律以聪耳，正七体以役心，平八索以成人，建九纪以立纯德，合十数以训百体。出千品，具万方，计亿事，材兆物，收经入，行姟极。故王者居九畡之田，收经入以食兆民，周训而能用之，和乐如一。夫如是，和之至也。于是乎先王聘后于异姓，求财于有方，择臣取谏工，而讲以多物，务和同也。声一无听，物一无文，味一无果，物一不讲。王将弃是类也而与剸同。天夺之明，欲无弊，得乎？'"

本章和 2.14"君子周而不比，小人比而不周"一样，是用两个意义相近但褒贬不同的词来说明君子和小人的区别。注释应说明"和"与"同"的区别，《论语集解》《论语义疏》之说非是。《四书辨疑》之说是。《论语正义》引用《左传》和《国语》来说明"和"与"同"之异亦是。由此可以知道，"中庸"之"和"的含义不是"以水济水"的那种"同"，而是"济其不及，以泄其过"那样的"和"。

二

下面谈孔子的天命观。

(一) 下面一章谈到"命",有不同的解释

9.1　子罕言利与命与仁。

【论语集解】罕者,希也。利者,义之和也。命者,天之命也。仁者,行之盛也。寡能及之,故希言也。

【论语义疏】罕者,希也。言者,说也。利者,天道元亨,利万物者也。与者,言语许与之也。命,天命穷通天寿之目也。仁者,恻隐济众,行之盛也者。弟子记孔子为教化所希言及所希许与人者也。所以然者,利是元亨利贞之道也。百姓日用而不知,其理玄绝,故孔子希言也。命是人禀天而生,其道难测,又好恶不同,若逆向人说,则伤动人情,故孔子希说与人也。仁是行盛,非中人所能,故亦希说许与人也。然希者非都绝之称,亦有时而言与人也。《周易·文言》,是说利之时也。谓伯牛"亡之,命矣夫",及云"若由也不得其死然",是说与人命也。孟武伯问子路冉求之属仁乎? 子曰"不知",及云楚令尹陈文子"焉得仁",并是不与人仁也。而云"颜回三月不违仁",及云管仲"如其仁",则是说与人仁时也。故云"子罕言利与命与仁"也。

【论语注疏】以此三者中知以下寡能及知,故孔子希言也。

【论语集注】罕,少也。程子曰:"计利则害义,命之理微,

仁之道大,皆夫子所罕言也。"

史绳祖《学斋佔毕》:"子罕言者独利而已,当以此四字为句作一义。曰命曰仁,皆平日所深与,此句别作一义。'与'者,许也。"

【论语正义】今《论语》夫子言仁甚,则又群弟子记载之力,凡言仁皆详书之,故未觉其罕言尔。

【论语新解】与,赞与义。[白话试译]先生平日少言利,只赞同命与仁。

【论语译注】孔子很少[主动]谈到功利、命运和仁德。

【论语今注】与,及。……孔子平日教人,有三桩事少谈论到。

本章短短的一句话,对其中的"与"有几种不同的解释,从而对整个句子也有不同的解释。

1.《论语集解》《论语注疏》《论语集注》对"与"无注,可能认为这是一个普通的并列连词,无须作注。从《论语注疏》《论语集注》的串讲看,他们认为"利""命""仁"三者都是"罕言"的对象。《论语译注》《论语今注》同此说。

2.《论语义疏》认为"与"为"言语许与之",但在串讲中又分别解释:"与命""与利"是"说与人命""说与人利",即对人说命,对人说利。而"与仁"则意为称许人仁。

3.《学斋佔毕》说:"'与'者,许也。"即赞许之意。而且,读成两个句子:"子罕言利,与命、与仁。"《论语新解》同此说。

这关系到孔子对"命"和"仁"的态度,是"罕言"还是"赞许"。怎样看这个问题?

确实,"与"在先秦有"赞许""赞同"之义。例子很多,如:

杨伯峻《论语词典》：《论语》中"与"为"许可，同意"义的共有 5 次（7.29 中有 3 次）。

7.29　**互乡难与言，童子见，门人惑。子曰："与其进也，不与其退也。唯何甚？人洁己以进，与其洁也，不保其往也。"**

11.21　**子曰："论笃是与，君子者乎？色庄者乎？"**

11.26　**夫子喟然叹曰："吾与点也！"**

在先秦其他文献中也有：

《左传·僖公二十八年》："子玉使宛春告于晋师曰：'请复卫侯而封曹，臣亦释宋之围。'子犯曰：'子玉无礼哉！君取一，臣取二，不可失矣。'先轸曰：'子与之！定人之谓礼，楚一言而定三国，我一言而亡之。我则无礼，何以战乎？'"

《左传·定公五年》："六月，季平子行东野。还，未至，丙申，卒于房。阳虎将以玙璠敛，仲梁怀弗与，曰：'改步改玉。'"

《国语·晋语四》："令尹子玉使宛春来告曰：'请复卫侯而封曹，臣亦释宋之围。'舅犯愠曰：'子玉无礼哉！君取一，臣取二，必击之请。'先轸曰：'子与之。我不许曹、卫之请，是不许释宋也。宋众无乃强乎！是楚一言而有三施，子一言而有三怨。怨已多矣，难以击人。'"韦昭注："与，许之。"

《大戴礼记·曾子立事》："灵言弗与，人言不信不和。"孔广森注："灵言，灵异之言。与，许也。"

《大戴礼记·曾子立事》："朝有过夕改则与之，夕有过朝改则与之。"王聘珍注："与，许也。"

那么，是不是"子罕言利与命与仁"中的"与"也可以解释为动词，义为"许"呢？

不能。在读古书的时候，看到古人对某个字有某个训释，或词典中的某字有某个意义,就不问条件,把这个训释或意义用到某一个句子里的同一个字上,这是读古书的大忌。因为这个字的这个意义能处在什么组合关系中,一般是有条件的,离开了这种条件,这个字就不可能是这种意义。

首先,从上面的例句可以看到,先秦义为"许"的动词"与",后面跟的宾语可以有两类。(1)动词性词组,如:"与其进也,不与其退也。"表示赞同某人的某种做法。(2)名词或代词,如:"吾与点也。""子与之。"表示赞同某人的某种想法。有时候"与"的对象可以前置,如:"朝有过夕改则与之,夕有过朝改则与之"和"灵言弗与",实际上还是这两类。第(1)类和"与命"差别很大,这里不必讨论。第(2)类似乎和"与命"相同,实际上是不一样的。第(2)类的名词都是具体的指某人,表示某人的想法或做法,而不可能是抽象名词。所以,"与命与仁"的"与"不可能是义为"许"的动词。直到今天,我们在用"赞同"这个词的时候,也是有条件的,只能说"赞同他""赞同他的想法",而不能说"赞同命、赞同仁"。所以把"子罕言利与命与仁"中的"与"解释为义为"许"的动词,是没有根据的。"与"还应该是连词。

而且,在《史记》《汉书》和《孟子注》里可以看到:

《史记·外戚世家》:"孔子罕称命,盖难言之也。"

《汉书·外戚传序》:"孔子罕言命,盖难言之也。"

《孟子·告子上》标题下赵岐注引:《论语》曰:'子罕言命。'谓性命之难言也。"

这说明至少汉代人还是把"命"看作"罕言"的对象。所以,把本章中的"与"看作动词"赞许,许可"非是。

这里还牵涉到一个问题:如果"仁"是"罕言"的对象,那么,怎样解释《论语》中"仁"多次出现？据统计,在《论语》中"仁"出现了109次,次数不算少。这个问题,《论语正义》是这样解释的:"凡言仁皆详书之,故未觉其罕言尔。"杨伯峻《论语译注》在 9.1 下有一个类似的解释:"仁"是孔门的最高道德标准,"正因为少谈,孔子偶一谈到,便有记载。不能以记载的多便推论孔子谈得也多"。这个解释可以参考。

关于《论语》中"与"的解释还不止这一处,下一处"与"如何解释也值得讨论。

5.9　子谓子贡曰:"女与回也孰愈?"对曰:"赐也何敢望回? 回也闻一以知十,赐也闻一以知二。"子曰:"弗如也;吾与女弗如也。"

【论语集解】包曰:"既然子贡不如,复言吾与汝俱不如者,盖欲以慰子贡也。"

【论语义疏】孔子既答子贡之不如,又恐子贡有怨,故又云吾与汝皆不如也。……顾欢……曰:"……故判之以弗如,同之以吾与汝。……"秦道宾曰:"《尔雅》云:与,许也。仲尼许子贡之不如也。"

【论语集注】与,许也。胡氏曰:"……夫子以其自知之明,而又不难于自屈,故既然之又重许之。"

【论语新解】此与字有两解。一谓我与汝均不如。一谓我赞许汝能自谓弗如。此当从前解。

【论语译注】与——动词,同意,赞同。这里不应该看作连词。

【论语今注】与,同意、赞成之意,动词。孔子说:"是比不

193

上他,我同意你的话,是比不上他。"

《论语集解》《论语义疏》《论语新解》把"与"看作并列连词,所以说"俱不如""皆不如"。《论语集注》《论语译注》《论语今注》把"与"看作动词。《论语义疏》所引秦道宾说,也把"与"看作动词。这个句子究竟应该怎么理解?

这里首先是一个《论语》的版本问题。《论衡》引本章,也多一个"俱"字,黄晖注对此作了详密的考订①:

《论衡·问孔》:"子谓子贡曰:'汝与回也孰愈?'曰:'赐也何敢望回? 回也闻一以知十;赐也闻一以知二。'子曰:'弗如也,吾与汝俱不如也。'"

黄晖注曰:"孙曰:《论语·公冶长篇》作'吾与女弗如也',无'俱'字。《释文》云:'"吾与尔",本或作"女",音"汝"。'考何氏《论语集解》引包曰:'既然子贡不如,复云吾与汝俱不如者,盖欲以慰子贡也。'《后汉书》李注引《论语》云:'吾与女俱不如也。'并与仲任合。《魏志·夏侯渊传》云:'仲尼有言,吾与尔不如也。'作'尔',又与《释文》合。盖《古》《齐》《鲁》之异也。晖按:《后汉书》李注,见《桥玄传》。按《世说新语》上之上注引《郑玄别传》曰:'玄从马融学,季长谓卢子干曰:"吾与女皆不如也。"'《新唐书·孝友传》:'任敬臣刻意从学,任处权见其文,叹曰:"孔子称颜回之贤,以为弗如。吾非古人,然则此儿,信不可及。"'是亦以孔子自谓不如颜渊。则唐以前所见《论语》仍有'俱'字者。考何晏本,必原有'俱'字,今本脱耳。不然,引包氏解与正文不

---

① 见黄晖《论衡校释》,北京:中华书局,1990。

符,无是理也。秦道宾曰:'与,许也。仲尼许子贡之不如
也。'(皇疏引。)此则本无'俱'字,与《夏侯渊传》引同。盖即
《古》《齐》《鲁》之异。潘维城曰:'包氏今文家。'案:仲任多
从《鲁论》。然则有'俱'字者,其《鲁论》欤?"

据此,则《鲁论》有"俱"字,那么"与"只能读作连词。而《论语
义疏》所引无"俱"字,就可能是《齐论》了。但《论语义疏》所引作
"汝"不作"尔",又和《经典释文》及《夏侯渊传》不合。可见版本问
题相当复杂。但无论如何,《论语》版本有两种,一种有"俱",这种
版本的"与"只能读作连词;另一种版本无"俱","与"就可以有两种
理解,一种是理解为连词,如皇侃的解释,一种是理解为动词,如
《论语义疏》所引的秦道宾说。但前面说过,"与"作为动词,通常是
表示赞同某人的某种做法,或赞同某人的某种打算。可是在"与汝
弗如也"中,"与"后面的"汝弗如"既不是做法,也不是打算;所以把
"与"理解为动词,还是不大妥帖的。

《论语译注》特别说明:"这里不应该看作连词"。为什么"不应
该看作连词"? 大概是因为孔子不能说自己也不如颜回。但既然
《新唐书》记载任处权慨叹不如小儿,孔子为什么就不能说自己不
如颜回?

(二) 下面一些章说明孔子是承认有命的

6.10　伯牛有疾,子问之,自牖执其手,曰:"亡之,命矣
夫! 斯人也而有斯疾也! 斯人也而有斯疾也!"

12.5　司马牛忧曰:"人皆有兄弟,我独亡。"子夏曰:"商
闻之矣:死生有命,富贵在天。君子敬而无失,与人恭而有
礼。四海之内,皆兄弟也——君子何患乎无兄弟也?"

16.8 孔子曰:"君子有三畏:畏天命,畏大人,畏圣人之言。小人不知天命而不畏也,狎大人,侮圣人之言。"

20.3 孔子曰:"不知命,无以为君子也;不知礼,无以立也;不知言,无以知人也。"

孔子认为"天"能决定世事:

14.35 子曰:"莫我知也夫!"子贡曰:"何为其莫知子也?"子曰:"不怨天,不尤人,下学而上达。知我者其天乎!"

7.23 子曰:"天生德于予,桓魋其如予何?"

9.5 子畏于匡。曰:"文王既没,文不在兹乎?天之将丧斯文也,后死者不得与于斯文也;天之未丧斯文也,匡人其如予何?"

这些章都没有歧义,我们就不讨论了。

下面一章注释有分歧。

14.36 公伯寮愬子路于季孙。子服景伯以告,曰:"夫子固有惑志于公伯寮,吾力犹能肆诸市朝。"子曰:"道之将行也与,命也;道之将废也与,命也。公伯寮其如命何!"(愚按:本章先按《论语译注》断句,然后再讨论。)

【论语集解】马曰:"愬,谮也。伯寮鲁人,弟子也。"孔曰:"鲁大夫子服何忌也。告,告孔子。季孙信谗恚子路。"郑曰:"吾势力犹能辨子路之无罪于季孙,使之诛寮而肆之。有罪既刑,陈其尸曰肆。"

【论语义疏】[曰夫子固有惑志]此景伯所告之辞。夫子者,季孙为夫子也。惑志,谓季孙信伯寮之谗子路也。[于公伯寮也吾力犹能肆诸市朝]景伯既告孔子曰季氏犹有惑志,而又此说助子路,使子路无罪而伯寮致死。言若于他人该有豪势者,则吾力势不能诛耳。若于伯寮者,则吾力势是能使季孙审子路之无罪,而杀伯寮于市朝也。

【论语注疏】"曰夫子固有惑志"者,夫子谓季孙。言季孙坚固已有疑惑之志,谓信谗愬子路也。"于公伯寮吾力犹能肆诸市朝"者,有罪既刑陈其尸曰肆。景伯言吾势力犹能辨子路之无罪于季孙,使之诛寮而肆之。

【论语集注】夫子指季孙。言其有疑于寮之言也。……愚谓言此以晓景伯,安子路,而警伯寮耳。圣人于利害之际则不待决于命而后泰然也。

【论语正义】《弟子列传》:"夫子固有惑志僚也。"是"于公伯寮"四字,当连上为句。言夫子疑于寮之言也。

【论语新解】在"于公伯寮"后断句。夫子固有惑志于公伯寮:此句有两读:一读于有惑志断,此下四字连下句。一读至公伯寮为一句。夫子指季孙,言其受惑于寮之谗言。

【论语译注】在"于公伯寮"后断句。【译文】他老人家已经被公伯寮所迷惑了。

【论语今注】夫子固有惑志于公伯寮,是说季孙因公伯寮的毁谤,而对子路有所疑惑。

本章的分歧在于断句。

古书的注解都是在正文下作双行小注。《论语集解》在"夫子固有惑志"下作注:"孔曰:季孙信谗愬子路",在"于公伯寮吾力犹能肆诸市朝"下作注:"郑曰:吾势力……"《论语义疏》《论语注疏》同。可见这三种注释的断句都是"夫子固有惑志。于公伯寮吾力犹能肆诸市朝。"《论语集注》则把"夫子固有惑志于公伯寮吾力犹能肆诸市朝"连在一起,在下面作注,说:"夫子,指季孙。言其有疑于寮之言也。""有疑于寮之言也"不是说季孙对寮之言有怀疑,而是说季孙由于寮之言而对子路有怀疑。可见他的断句是:"夫子固有惑志于公伯寮,吾力犹能肆诸市朝。"

《论语正义》也是把"夫子固有惑志"和"于公伯寮吾力犹能肆诸市朝"断开作注,但指出《史记·仲尼弟子列传》作"夫子固有惑志僚也",并认为据此则"于公伯寮"四字当连上为句。但《史记·仲尼弟子列传》也是在"夫子固有惑志"下出裴骃《集解》,在"缭也吾力犹能肆诸市朝"下出裴骃《集解》(愚按:"缭也"的"也"非《史记》所增,《论语》皇本、高丽本、正平本、天文本在"于公伯寮"下有"也"字),可见,至少裴骃是认为应在"惑志"后断句的。今标点本作"夫子固有惑志,缭也,吾力犹能肆诸市朝"。可见《史记》并不能证明"于公伯寮"四字当连上为句。

《论语新解》《论语译注》《论语今注》都把"夫子固有惑志于公伯寮"看作一句,《论语新解》把这句解释为"言其受惑于寮之谗言",《论语译注》把这句译为"已经被公伯寮所迷惑了"。看来,他们是同意《论语集注》的断句和解释:"(季孙)有疑于寮之言也。"

如果这样解释,那就是把"于"看作"由于"的意思。"于"有表示"由于"的用法,如:

《孟子·公孙丑上》:"民之憔悴于虐政,未有甚于此时者也。"

《孟子·告子下》:"然后知生于忧患而死于安乐也。"

这些句子中,"于"都是直接跟在动词或形容词之后,表示"由于虐政而憔悴","由于忧患而生""由于安乐而死"。但是,如果把《论语》的"夫子固有惑志于公伯寮"看成一句,或者像《论语集注》

所说的"（季孙）有疑于寮之言也"，在这种"有惑志（或有疑）于公伯寮"的句式中，"于"能不能表示"由于"？这就很难说了。据杨逢彬《论语新注新译》统计，在《左传》《国语》《孟子》中，含"有志"和"有……志"的共25例，后面接"于"的仅1例：

> 《国语·吴语》："孤将有大志于齐。"

但这个"于"是"对于"，而不是"由于"。所以，把"夫子固有惑志于公伯寮"看作一句，并解释为"由于公伯寮夫子固有惑志"，在语义上是有问题的。至于《论语新解》的解释"言其受惑于寮之谗言"，则是把"有惑志"改为"受惑"，这样当然可以说"由于寮之谗言而受惑"，但这已经是改变了句式了。《论语译注》的译文为"已经被公伯寮所迷惑了"，则更是把句子改为被动句，离《论语》的原文更远了。

那么，把句子断为"夫子固有惑志。于公伯寮吾力犹能肆诸市朝"，这样是否可以呢？这样断句，"于公伯寮"就是表示"对于公伯寮"，而且放在主语"吾力"的前面。"于××"一般是放在主语后面的，放在主语前面确实很少见。但有时为了突出××，把它作为话题，把"于××"放在主语之前，也不是不可能的。《论语》中有这样一章：

5.10　宰予昼寝。子曰："朽木不可雕也，粪土之墙不可杇也；于予与何诛？"子曰："始吾于人也，听其言而信其行；今吾于人也，听其言而观其行。于予与改是。"

"始吾于人也，听其言而信其行；今吾于人也，听其言而观其行。"是一般的叙述，"于人"放在主语"吾"后面。"于予与何诛"一句，主语"吾"没有出现（"与"是语气词，无义）。如果把主语"吾"补上，看作是"吾于予何诛"，也可以看作"于予吾何诛"；但后一句把

"于予"放到主语前面，对宰予责备的语气更强烈。

在《孟子》中也有一章：

> 《孟子·万章下》："孔子有见行可之仕，有际可之仕，有公
> 养之仕也。于季桓子，见行可之仕也；于卫灵公，际可之仕也；
> 于卫孝公，公养之仕也。"

"于季桓子，见行可之仕也"几句，主语"孔子"也没有出现。如果要补上的话，也应该是："于季桓子，（孔子为）见行可之仕也。……"这也是为了突出对季桓子、卫灵公、卫孝公的不同态度，因此把"于××"放在主语之前。

从这么看，把句子这样断开："夫子固有惑志。于公伯寮吾力犹能肆诸市朝。"应该是可以的。

上面讨论的问题和孔子对"命"的看法无关。与"命"有关的，是本章中孔子的回答："道之将行也与？命也。道之将废也与？命也。公伯寮其如命何！"《论语集注》在这几句后面作注："愚谓言此以晓景伯，安子路，而警伯寮耳。圣人于利害之际则不待决于命而后泰然也。"意思是说圣人对此类事情一向处之泰然，并不是因为信命的缘故。这样说并不符合实际。因为上面已经引了《论语》中很多材料，说明孔子是信命的。这里的回答也是说，决定道的兴废的不是公伯寮而是命。

（三）下面讨论孔子对鬼神的看法

6.22 樊迟问知。子曰："务民之义，敬鬼神而远之，可谓知矣。"问仁。曰："仁者先难而后获，可谓仁矣。"

【论语集解】王曰："务民之义，务所以化道民之义也。"包曰："敬鬼神而远之，敬鬼神而不黩也。"

【论语义疏】[敬鬼神而远之]鬼神不可慢,故曰敬鬼神也。可敬不可近,故宜远之也。

【论语集注】专用力于人道之所宜,而不惑于鬼神之不可知,智者之事也。……程子曰:"人多信鬼神,惑也。而不信者,又不能敬。能敬而远,可谓知矣。"

【论语新解】鬼神之祸福,依于民意之从违。故苟能务民之义,自能敬鬼神,亦自能远鬼神,两语当连贯一气读。敬鬼神,即所以敬民。远鬼神,以民意尤近当先。

《论语集注》谓鬼神不可知,故敬而远之,这是朱熹的解释,未必是孔子的原意。《论语义疏》说"鬼神不可慢","可敬不可近",这符合孔子的原意。但为什么鬼神不可慢?鬼神究竟是否存在?孔子在本章并没有回答。

11.12　季路问事鬼神。子曰:"未能事人,焉能事鬼?"曰:"敢问死。"曰:"未知生,焉知死?"

【论语集解】陈曰:"鬼神及死事难明,语之无益,故不答也。"

【论语义疏】外教无三世之义,见乎此句也。周孔之教唯说现在,不明过去未来。而子路此问事鬼神,正言鬼神在幽冥之中,其法云何也?此是问过去也。[子曰:未能事人,焉能事鬼]孔子言人事易,汝尚未能,则何敢问幽冥之中乎?故云"焉能事鬼"也。[曰:敢问死]此又问当来之事也,言问今日以后死事复云何也。[子曰:未知生,焉知死]亦不答之也。言汝尚未知即见生之事难明,焉能豫问知死后也?

【论语集注】问事鬼神,盖求所以奉祭祀之意。而死者人之所必有,不可不知,皆切问也。然非诚敬足以事人,则必不能事神。非原始而知所以生,则必不能反终而知所以死。盖幽明始终初无二理,但学之有序,不可躐等,故夫子告之如此。

【论语新解】孔子曾告子路:"知之为知之,不知为不知,是知也。"生人之事,人所易知,死后鬼神之事则难知。然孔子又曰:"举一隅不以三隅反,则不复也。"盖人所不知,尚可以就其所知推以知之。……苟能知生人之理,推以及于死后之鬼神,则由于死生人鬼之一体,而可推见天人之一体矣。孔子之教,能近取譬。或谓鬼神及死后事难明,语之无益。又或谓孔子只论人生,不问鬼神事。似孔子有意不告子路之问,其实乃所以深告之,学固不可以躐等而求。

《论语义疏》言"外教无三世之义,见于此句也",这是从佛教的观点来说的。《论语集注》谓孔子非不问鬼神事,只是告诉子路要由人生推知。《论语新解》又将此义进一步发挥。但这是后来儒学的观点,未必是孔子原意。如实而论,说"孔子只论人生,不问鬼神事",倒比较切合实际。

8.21 子曰:"禹,吾无间然矣。菲饮食而致孝乎鬼神,恶衣服而致美乎黻冕,卑宫室而尽力乎沟洫。禹,吾无间然矣。"

【论语集解】马曰:"菲,薄也。致孝鬼神,祭祀丰洁也。"

7.35 子疾病,子路请祷。子曰:"有诸?"子路对曰:"有之;《诔》曰:'祷尔于上下神祇。'"子曰:"丘之祷久矣。"

【论语集解】孔曰:"……孔子素行合于神明,故曰某之祷久矣。"

此二章诸家注释均同《论语集解》,无须讨论。由此二章无法论定孔子是肯定鬼神存在还是否定鬼神存在。

总起来说,"孔子只论人生,不问鬼神事",这是可以从《论语》中得出的结论。

三

孔子很重视《诗》。他的"兴、观、群、怨"的观点,对后代有很大影响。

17.9　子曰:"小子何莫学夫《诗》?《诗》可以兴,可以观,可以群,可以怨。迩之事父,远之事君。多识于鸟兽草木之名。"(愚按:本章及下面 16.13 的"诗"加书名号,与《论语译注》不同。)

【论语集解】包曰:"小子,门人也。"孔曰:"兴,引譬连类。"郑曰:"观风俗之盛衰。"孔曰:"群居相切磋。怨,刺上政。迩,近也。"

【论语集注】诗可以兴,感发志意。可以观,考见得失。可以群,和而不流。可以怨,怨而不怒。人伦之道,诗无不备,事父事君二者,举重而言。其绪余又足以资多识。

【论语正义】《周官·大师》:"教六诗:曰风,曰赋,曰比,曰兴,曰雅,曰颂。"赋、比之义皆包于兴,故夫子止言兴。

《论语正义》所引《周礼·大师》之"六诗",《〈诗〉大序》称"六义":"《诗》有六义焉:一曰风,二曰赋,三曰比,四曰兴,五曰雅,六曰颂。""六诗"或"六义"中的"赋""比""兴"是诗的创作方法,和本章说的"兴"不同。本章的"兴"是诗的作用,应该如《论语集注》所说是"感发志意"。《论语集解》把"兴"解释为"引譬连类",《论语正义》说"兴"包括"赋""比",这都是"六义"或"六诗"中的"兴"和"赋""比",其解释不妥。

16.13 陈亢问于伯鱼曰:"子亦有异闻乎?"对曰:"未也。尝独立,鲤趋而过庭。曰:'学《诗》乎?'对曰:'未也。''不学《诗》,无以言。'鲤退而学《诗》。他日,又独立,鲤趋而过庭。曰:'学礼乎?'对曰:'未也。''不学礼,无以立!'鲤退而学礼。闻斯二者。"陈亢退而喜曰:"问一得三:闻《诗》,闻礼,又闻君子之远其子也。"

【论语义疏】[不学诗无以言],……言《诗》有比兴答对酬酢,人若不学《诗》,则无以与人言语也。

【论语集注】事理通达而心气和平,故能言。

对于"不学《诗》,无以言"的解释,《论语义疏》就交往应酬而论,《论语集注》就精神心气而论,两者可以结合起来。

17.10 子谓伯鱼曰:"女为《周南》《召南》矣乎? 人而不为《周南》《召南》,其犹正墙面而立也与?"

【论语集解】马曰:"《周南》《召南》,《国风》之始,乐得淑女以配君子,三纲之首,王教之端,故人而不为,如向墙而立。"

《毛诗序》:"《周南》《召南》,正始之道,王化之基。是以《关雎》乐得淑女以配君子。"

本章可与 16.13 参看。

13.5 子曰:"诵《诗》三百,授之以政,不达;使于四方,不能专对;虽多,亦奚以为?"

【论语集解】专,犹独也。

【论语注疏】诵，谓讽诵。《周礼》注云："倍文曰讽，以声节之曰诵。"《诗》有《国风》《雅》《颂》凡三百五篇，皆言天子诸侯之政也。古者使适四方，有会同之事，皆赋诗以见意。今有人能讽诵《诗》文三百篇之多，若授之以政，使居位治民，而不能通达，使于四方，不能独对；讽诵虽多，亦何以为？言无所益也。

【论语集注】《诗》本人情，该物理，可以验风俗之盛衰，见政治之得失，其言温厚和平，长于风喻，故诵之者必达于政而能言也。

《论语注疏》所言比较接近孔子原意，《论语集注》所言侧重于诵《诗》对精神气质的作用，可以参看。

8.8　子曰："兴于《诗》，立于礼，成于乐。"

【论语集解】包曰："兴，起也。言修身当先学《诗》也。礼者，所以立身也。乐所以成性。"

【论语义疏】此章明人学须次第也。兴，起也，言人学先从《诗》起，后乃次诸典也。……又江熙曰："览古人之志，可以起发其志业。"

【论语集注】《诗》本性情，有邪有正，其为言既易知，而吟咏之间抑扬反复，其感人又易入，故学者之初，所以兴起其好善恶恶之心而不能自已者，必于此而得之。……按：《内则》：十年学幼仪，十三学乐诵《诗》，二十而后学礼，则此三者非小学传授之次，乃大学终身所得之难易、先后、深浅也。

"兴，起也。"这在训诂上没有问题。问题是"起"又如何解释？皇侃以为"人学先从《诗》起"，则"起"为起始之起。江熙曰"可以起发其志业",则"起"为感发之意。《论语集注》似乎两者兼顾,既言"学者之初",又言"兴起其好善恶恶之心"。我认为本章的"兴"应是感发之意,与17.9《诗》可以兴"之"兴"一致。本章三句是说在人修身进德的过程中,《诗》、礼、乐所起的作用:《诗》以兴其心,礼以立其身,乐以成其性。"兴"为感发其心,非"起始"之意。至于"兴于《诗》"为学习的第一步,这是就学《诗》、学礼、学乐三者在修习过程中的难易、先后而言,并非此"兴"有起始之意。

四

孔子认为诗和乐的内容都应该纯正无邪。

2.2　子曰:"《诗》三百,一言以蔽之,曰'思无邪'。"

【论语集解】包曰:"……思无邪,归于正也。"

【论语义疏】言为政之道唯思于无邪,无邪则归于正也。

【论语注疏】"曰思无邪"者,此《诗》之一言,《鲁颂·駉篇》文也。

【论语集注】凡《诗》之言,善者可以感发认知善心,恶者可以惩创人之逸志,其用归于使人得其情性之正而已。

【论语译注】思无邪——"思无邪"一语本是《诗经·鲁颂·駉篇》之文,孔子借它来评论所有诗篇。思字在《駉篇》本是无义的语首词,孔子引用它却当思想解,自是断章取义。俞樾《曲园杂纂·说项》说这也是语辞,恐不合孔子原意。《论语译注》的话需要作一些解释。

类似的意思,朱熹在《诗集传》已经说过:

《诗集传·鲁颂·駉》："孔子曰：'《诗》三百，一言以蔽之，曰：'思无邪。'"盖《诗》之言美恶不同，或劝或惩，皆有以使人得其情性之正。然其明白简切、通于上下，未有若此言者。故特称之，以为可当三百篇之义。……苏氏曰：'昔之为《诗》者，未必知此也。孔子读《诗》至此，而有合于其心焉，是以取之，盖断章云尔。'"

俞樾的原话是：

俞樾《曲园杂纂》："《项氏家说》云：'思，语辞也。……'项此说是也，惜其未及'思无邪'句。按：《駉篇》八'思'并语辞。毛公无传，郑以'思遵伯禽之法'说之，失其旨矣。"

《项氏家说》是宋代项安世的著作。

《项氏家说》卷四《诗中思字》："思，语辞也。用之句末，如'不可求思''不可泳思''不可度思''天惟显思'；用之句首，如'思齐大任''思媚周姜''思文后稷''思乐泮水'。皆语辞也。说者必欲以为'思虑'之'思'则过矣。且亲从鲁侯戾止在泮而咏之矣，何为思耶？'于绎思''敷时绎思'皆当以为语辞。'绎'者不绝之义，'绎思'犹绎如也。"

其实，早在在为《诗经》作注的《毛传》里，就已经说到这种"语辞"，只是《毛传》用的术语不同，《毛传》是用"辞也"来表达这种语法成分。如：

《诗经·周南·汉广》："南有乔木，不可休息。汉有游女，不可求思。"《毛传》："思，辞也。"

俞樾说《诗经·鲁颂·駉》中有八个"思"字，都是"语辞"。《诗经·鲁颂·駉》全文如下：

駉駉牡马，在坰之野。薄言駉者，有骄有皇，有骊有黄，以车彭彭。思无疆,思马斯臧。

驹驹牡马,在坰之野。薄言驹者,有骊有皇,有骍有骐,以车伓伓。思无期,思马斯才。

驹驹牡马,在坰之野。薄言驹者,有驒有骆,有骝有雒,以车绎绎。思无斁,思马斯作。

驹驹牡马,在坰之野。薄言驹者,有骃有騢,有驔有鱼,以车祛祛。思无邪,思马斯徂。

郑玄在第一、三、四章后面作笺,云:"臧,善也。僖公之思遵伯禽之法,反复思之,无有竟已。乃至于思马斯善,多其所及广博。""斁,厌也。思遵伯禽之法,无厌倦也。作,谓牧之使可乘驾也。""徂,犹行也。思遵伯禽之法,专心无复邪意也。牧马使可走行。"郑玄把其中很多"思"解释为动词,把"思无邪"解为"专心无复邪意"。

后代对"思无邪"的解释,也多用实意来解释"思"。如向熹译注的《诗经》(高等教育出版社,2008)引王先谦《诗三家义集疏》:"思无邪者,思之真正无有邪曲。"并把"思无邪"翻译为"深谋远虑无邪僻"。

《诗经》中"思无邪"的"思"是"思想"还是"语辞"? 这个问题可以讨论。但现在我们关注的是,孔子引《诗经》的"思无邪"是否断章取义。

首先要问:什么是"断章取义"? 古人常常在不同的场合引用《诗经》,有时候就是断章取义。如《诗经·小雅·小宛》:"明发不寐,有怀二人。"说的是大夫遭时之乱,通宵不寐,思念先人。但《礼记·祭义》:"诗云:'明发不寐,有怀二人。'文王之诗也。祭之明日,明发不寐,飨而致之,又从而思之。"却把这两句诗用于祭祀了,所以孔颖达疏说是"断章取义"。当时很多外交场合都是赋诗言志,如《左传·襄公二十七年》载,郑伯享赵孟于垂陇,子展等七人赋诗,都是断章取义。

清姚际恒《诗经通论》卷十八:"'思无邪'本与上'无疆''无期''无斁'同为一例语。自圣人心眼迥别,断章取义,以该全诗,千古遂不可磨灭。然与此诗之旨则无涉也。"

用"思无邪"来概括《诗三百》的内容,而与《駉》旨"无涉",这就叫"断章取义"。"断章取义"并不是指孔子把"思无邪"的"思"解为"思想"义。

我想,孔子当时不可能认识到"思"的"语辞"义。他大概是和很多人一样,认为"思无邪"就是"思想无邪",他是根据这种认识,把本来是说养马的"思无邪"用来概括《诗经》的内容,这就是"断章取义"。

本章所说的"思无邪"该如何理解?《论语义疏》解释为"为政之道唯思于无邪",这不符合孔子原意,孔子在这里是论《诗》,而不是论政。朱熹《论语集注》解释为"使人得其情性之正",这是因为朱熹认为《诗》本身有善者有恶者,"善者可以感发认知善心,恶者可以惩创人之逸志"。可能他是把"郑声"看作淫诗,是诗中之"恶者",思想不纯正,但读了以后"可以惩创人之逸志"。但此说也不符合孔子原意。孔子是就整体而言,说《诗》三百是"思无邪",正如8.8说"兴于诗",也是就整体而言,没有考虑《诗》中也包括"郑声淫"的问题。

3.20　子曰:"《关雎》,乐而不淫,哀而不伤。"

【论语集解】孔安国曰:"乐而不至淫,哀而不至伤,言其和也。"

【论语义疏】《关雎》者,即《毛诗》之初篇也。时人不知《关雎》之义,而横生非毁,或言其淫,或言其伤。故孔子解之也。《关雎》乐得淑女以配君子,是共为政,风之美耳,非为淫也,故云乐而不淫也。故江熙云:"乐在得淑女。疑于为色,所乐者德,故有乐而无淫也。"又李充曰:"《关雎》之兴,乐得淑女以配君子,乐在进贤,不淫其色,是乐而不淫也。"……《关雎》之诗,自是哀思窈窕,思才故耳,而无伤善之心,故云哀而不伤也。故李充曰:"哀窈窕,思贤才,而无伤善之心,是哀而不伤也。"……郑玄曰:"乐得淑女以为君子之好仇,不为淫其色也。寤寐思之,哀世失夫妇之道,不得此人,不为感伤其爱也。"

【论语集注】淫者,乐之过而失其正者也。伤者,哀之过而害于和者也。《关雎》之诗,言后妃之德,宜配君子,求之未得,则不能无寤寐反侧之忧。求而得之,则宜其有琴瑟钟鼓之乐。盖其忧虽深而不害于和,其乐虽盛而不失其正,故夫子称之如此。

【论语译注】淫——古人凡过分以至于到失当的地步叫淫,如言"淫祀"(不应该祭祀而去祭祀的祭礼)、"淫雨"(过久的雨水)。

《毛诗序》:"是以《关雎》乐得淑女以配君子,忧在进贤,不淫其色。哀窈窕,思贤才,而无伤善之心焉,是《关雎》之义也。"郑笺:"'哀'盖字之误也,当为'衷'。'衷'谓中心恕之,无伤善之心,谓好逑也。"

本章"淫"有二解。《论语义疏》谓"淫其色",所据为《毛诗序》。

但《毛诗序》"忧在进贤，不淫其色"之说实不可信。《论语集注》谓"乐之过而失其正"，其说是。"乐而不淫，哀而不伤"两句对文，"伤"为"哀"所到达的程度，"淫"亦为"乐"所到达的程度，《论语集解》谓"乐而不至淫，哀而不至伤"，是正确的理解。"淫"之"过度"义常见，《论语译注》所言亦是。而且，"乐而不淫"见于《左传》，杜预以"有节"注"不淫"，也适用于本章。

　　《左传·襄公二十九年》："为之歌豳。曰：'美哉，荡乎！乐而不淫。其周公之东乎。'"杜预注："乐而不淫，言有节。"

15.11　颜渊问为邦。子曰："行夏之时，乘殷之辂，服周之冕，乐则《韶》《舞》。放郑声，远佞人。郑声淫，佞人殆。"

　　【论语义疏】郑地声淫，而佞人斗乱，使国家为危殆也。按《乐记》云："郑音好敖放僻，滥骄淫志。"

　　【论语正义】《乐记》云："郑音好滥淫志。宋音燕女溺志。卫音趋数烦志。齐音敖辟乔志。此四者，皆淫于色而害于德，是以祭祀弗用也。"是四国皆有淫声，此独云"郑声"者，亦举甚言之。《五经异义》："《鲁论》说：郑国之俗，有溱洧之水，男女聚会，讴歌相感，故云'郑声淫'。……谨案：《郑诗》二十一篇，说妇人十九矣，故郑声淫也。"……《鲁论》举《溱洧》一诗，以为郑俗多淫之证，非谓《郑诗》皆是如此。

孔子所说的"郑声"，是就音乐而言，和《郑风》不一定等同。可参见下面几章：

17.18　子曰："恶紫之夺朱也，恶郑声之乱雅乐也，恶利口之覆邦家者。"

　　《礼记·乐记》："郑卫之音，乱世之音也，比于慢矣。桑间濮上之音,亡国之音也。"

至于"郑声"和《郑风》是什么关系,有待于研究。

五

内容和形式的问题也是孔子关注的。孔子认为两者不能偏废,而要配合得当。

12.8 棘子成曰:"君子质而已矣,何以文为?"子贡曰:"惜乎! 夫子之说君子也。驷不及舌。文犹质也,质犹文也。虎豹之鞟犹犬羊之鞟。"(愚按:皇本《论语》"棘子成"作"棘子城"。)

【论语集解】孔曰:"皮去毛曰鞟。虎豹与犬羊异者,正以毛文异耳。今使文质同者,何以别虎豹与犬羊?"

【论语义疏】更为子城解汝所说君子用质不用文所以可惜之理也。将欲解之,故此先述其意也。言汝意云:文犹质,质犹文,故曰何用文为者耳。……虎豹所以贵于犬羊者,政以毛文炳蔚为异耳。今若取虎豹及犬羊皮,俱灭其毛,唯余皮在,则谁复识其贵贱,别于虎豹与犬羊乎? 譬于君子,所以贵者,政以文华为别,今遂若使质而不文,则何以别于君子与众人乎?

【论语注疏】今若文犹质质犹文,使文质同者,则君子与鄙夫何以别乎?

【论语集注】言文质等耳,不可相无。若必尽去其文而独存其质,则君子小人无以辨矣。夫棘子成矫当时之弊,固失之过,而子贡矫子成之弊,又无本末轻重之差,胥失之矣。

【论语正义】《郑注》云:"鞟,革也。革者,皮也。"《诗·载驰》正义引《说文》:"鞟,革也。"今本《说文》作"鞹",云:"皮去毛也。"与《诗》疏所引异。然"鞟"为"革",凡去毛不去毛,皆得称之,不必专主去毛一训。……此文"虎豹之鞟"喻文,"犬羊之鞟"喻质。虎豹、犬羊其皮各有所用,如文质二者不宜偏有废置也。

【论语新解】虎豹之鞟,犹犬羊之鞟:皮去毛曰鞟。虎豹与犬羊之别,正因其毛文之异。若去其文之炳蔚,则虎豹之皮将与犬羊之皮无别。此见君子小人相异,正在君子之多文。故说文犹质也,质犹文也,二者同重,不可偏无。

【论语译注】本质和文彩,是同等重要的。

【论语今注】子贡以为文质二者,同样重要,文和质一样,是不可偏废的。……虎豹的皮和犬羊的皮,区别在本质,也在文采,如果把这些兽皮,拔去有文采的毛,那么虎豹的皮和犬羊的皮便很少区别。

本章有两处需要讨论。

(1) 子贡说的"文犹质也,质犹文也"是什么意思?

《论语集解》说:"今使文质同者,何以别虎豹与犬羊?"意思是如果"文犹质也,质犹文也",就无法区分虎豹与犬羊。《论语义疏》把"文犹质也,质犹文也"看作是子贡在反驳棘子成时所说的言辞:"你认为文犹质也,质犹文也,所以说'何用文为'。"《论语注疏》同《论语集解》。这样的理解都是不对的。《论语集注》说:"言文质等耳,不可相无。"这是对的。正如《论语译注》所说,"文犹质也,质犹文也"是强调两者同等重要。《论语新解》说得很对:君子之质,正在于其"多文"。这个"文"是广义的,指内在的文化修养,而不仅仅是外在的仪态和言辞。朱熹说子贡忽视了"质"和"文"的"本末轻重之差",这说法不妥。他的意思是"质"为本,"文"为末,这还是把这里所说的"文"作狭隘的理解,只看作外在的东西了。

(2)"鞟"是"皮去毛"还是去毛不去毛都叫"鞟"?

《论语集解》说"皮去毛曰鞟",其他注释均无异议。只有《论语正义》引郑注:"鞟,革也。革者,皮也。"认为"凡去毛不去毛,皆得称之"。这样的解释在本章说不通。如果是不去毛之皮,怎能是"虎豹之鞟,犹犬羊之鞟"?《论语正义》之说非是。《论语义疏》言"若取虎豹与犬羊皮,俱灭其毛,唯余皮在,则谁复识其贵贱,别于虎豹与犬羊乎?"符合文意。《论语正义》又言"此文'虎豹之鞟'喻文,'犬羊之鞟'喻质",虎豹、犬羊其皮各有所用。此说亦非是,用于原文亦不可通。原文不是说两者各有所用,而是说去了毛两者无别。

6.18　子曰:"质胜文则野,文胜质则史。文质彬彬,然后君子。"

【论语集解】包氏曰:"野,如野人,言鄙略也。史者,文多而质少也。彬彬,文质相半之貌也。"

【论语义疏】[质胜文则野]谓凡行礼及言语之仪也。质,实也。胜,多也。文,华也。言若实多而文饰少,则如野人,野人鄙略大朴也。[文胜质则史]史,记书史也。史书多虚华无实,妄语欺诈,言人若为事多饰少实,则如书史也。[文质彬彬,然后君子]彬彬,文质相半也。若文与质等半,则为会时之君子也。

【论语正义】《仪礼·聘礼记》云："辞多则史。"注："史谓策祝。"亦言史官多文辞也。是"史"有二。此注浑言未晰，莫晓其所主。策祝文胜质，则礼所讥"失其义，陈其数"是也。史官文胜质，则当时记载或讥为浮夸者是也。

"史"表示文胜于质，先秦多见，如：

《韩非子·难言》："捷敏辩给，繁于文采，则见以为史。殊释文学，以质信言，则见以为鄙。"

《仪礼·聘礼》："辞无常，孙而说。辞多则史，少则不达。辞苟足以达，义之至也。"

把"文"和"质"的关系用于"意"和"言"，孔子有如下表述：

15.41　子曰："辞达而已矣。"

【论语集解】凡事莫过于实。辞达则足矣，不烦文艳之辞。

【论语正义】辞皆言事，而事自有实，不烦文艳以过于实。故但贵辞达则足也。《仪礼·聘礼》记："辞无常，孙而说。辞多则史，少则不达。辞苟足以达，义之至也。"是辞不贵多亦不贵少，皆取达意而止。钱氏大昕《潜研堂文集》据《聘记》解此文，以为《论语》亦是聘辞，则不若此注言"凡事"得兼举也。

钱大昕认为"辞达"的"辞"只指聘辞，但《论语正义》认为这是指所有的辞。《论语正义》的看法是对的。

但据《左传》记载，孔子又有"言之无文，行而不远"之言：

《左传·襄公二十五年》载：郑伐陈，大捷。"郑子产献捷于晋。……晋人问陈之罪。"子产说了一套辞令，"士庄伯不能诘。复于赵文子，文子曰：'其辞顺。犯顺不祥。'乃受之。"

孔子听到此事,说:

"志有之:'言以足志,文以足言。'不言,谁知其志? 言之无文,行而不远。晋为伯,郑入陈,非文辞不为功。慎辞也。"

"志有之"是说古书上有这样的记载:"言以足志,文以足言。"据此,孔子提出"言之无文,行而不远"。这是孔子对"言"和"文"关系的重要看法。

"辞达而已矣"是强调"质","言之无文,行而不远"是强调"文"。孔子的这两句话要统一起来看,不能只根据一句话来评论孔子的思想。这是我们在读《论语》时必须注意的。

六

下面两章是孔子和弟子对《诗》的讨论。他们不只是就《诗》论《诗》,而是能根据《诗》来加以发挥。

1.15　子贡曰:"贫而无谄,富而无骄,何如?"子曰:"可也;未若贫而乐道,富而好礼者也。"子贡曰:"《诗》云:'如切如磋,如琢如磨',其斯之谓与?"子曰:"赐也,始可与言《诗》已矣,告诸往而知来者。"

【论语集解】孔曰:"能贫而乐道,富而好礼者,能自切磋琢磨。诸,之也。子贡知引《诗》以成孔子义,善取类,故然之。往,告之以'贫而乐道'。来,答以'切磋琢磨'。"

【论语集注】子贡自以无谄无骄为至矣,闻夫子之言又知义理之无穷,虽有得焉而未可遽自足也,故引是诗以明之。

【论语后案】"如切如磋,道学也。如琢如磨,自修也。"

《尔雅》《大学》同,亦古训也。……无谄无骄,质美而自守者能之。乐与好礼,非道学自修不能及此。

"如切如磋,如琢如磨"是《诗经·卫风·淇澳》中的句子。

《诗经·卫风·淇澳》:"瞻彼淇澳,菉竹猗猗。有斐君子,如切如磋,如琢如磨。瑟兮僩兮,赫兮喧兮。有斐君子,终不可諠兮。"毛传:"道其学而成也,听其规谏以自修,如玉石之见琢磨也。"孔疏:"谓武公能学问听谏,以礼自修,而成其德美;如骨之见切,如象之见磋,如玉之见琢,如石之见磨,以成其宝器。"

《礼记·大学》和《尔雅·释训》都引用过:

《礼记·大学》:"《诗》云:'瞻彼淇澳,菉竹猗猗。有斐君子,如切如磋,如琢如磨。瑟兮僩兮,赫兮喧兮。有斐君子,终不可諠兮。'如切如磋者,道学也。如琢如磨者,自修也。"朱熹注:"道,言也。学,讲习讨论之事。自修者,省察克治之功。"

《尔雅·释训》:"如切如磋,道学也。如琢如磨,自修也。"

子贡觉得孔子所说的"贫而乐道,富而好礼"的境界比自己说的"贫而无谄,富而无骄"高,而这种精神境界的提升是要通过"切磋琢磨"的功夫才能达到的,所以联想到《诗经》中的句子。这样学《诗》,得到了孔子的赞扬。

3.8 子夏问曰:"'巧笑倩兮,美目盼兮,素以为绚兮。'何谓也?"子曰:"绘事后素。"曰:"礼后乎?"子曰:"起予者商也!始可与言《诗》已矣。"

【论语集解】马曰:"倩,笑貌。盼,动目貌。绚,文貌。此上二句在《卫风·硕人》之二章,其下一句逸也。"郑曰:"绘,画文也。凡绘画先布众色，然后以素分布其间，以成其文，喻美女虽有倩盼美质，亦须礼以成之。"孔曰："孔子言绘事后素，子夏闻而解，知以素喻礼，故曰礼后乎。"包曰："予，我也。孔子言，子夏能发明我意，可与共言《诗》。"

【论语义疏】此是卫风硕人闵庄姜之诗也。庄姜有容有礼，卫侯不好德而不答，故卫人闵之也。巧笑，笑之美者也。倩，巧笑貌也。言人可怜则笑巧而貌倩倩然也。美目，目之美者也。盼，动目貌也。言人可怜则目美而貌盼盼然也。素，白也。绚，文貌也。谓用白色以分间五采，使成文章也。言庄姜既有盼倩之貌，又有礼，自能结束，如五采得白分间，乃文章分明也。子夏读诗不达此语，故云何谓，以问孔子也。……绘，画也。言此上三句是明美人先有其质，后须其礼以自约束，如画者先虽布众采荫映，然后必用白色以分间之，则画文分明，故曰绘事后素也。……子夏闻孔子云绘事后素而解，特喻人虽可怜，必后用礼，故云"礼后乎"。……起，发也。予，我也。孔子但言"绘事后素"，而子夏仍知以素喻礼，是达诗人之旨，以起发我谈，故始可与言诗也。

【论语集注】素，粉地，画之质也。绚，采色，画之饰也。言人有此倩盼之美质，而又加以华采之饰，如有素地而加采色也。子夏疑其反谓以素为饰，故问之。绘事，绘画之事也。后素，后于素也。《考工记》曰："绘画之事后素功。"谓先以粉地为质，而后施五采。犹人有美质，然后可加文饰。礼必以忠信为质，犹绘事必以粉素为先。起，犹发也。起予，言能起发我之志意。谢氏曰："子贡因论学而知《诗》，子夏因论《诗》而知学，故皆可与言《诗》。"杨氏曰："'甘受和，白受采。忠信之人，可以学礼，苟无其质，礼不虚行。'此'绘事后素'之说也。孔子曰：'绘事后素。'而子夏曰：'礼后乎？'可谓能继其志矣，非得之言意之表者能之乎？商、赐可与言《诗》者以此。若夫玩心于章句之末，则其为《诗》也，固而已矣。所谓'起予'，则亦相长之义也。"

【论语新解】素以为绚兮：素，白色。绚，文采义。此喻美女有巧笑之倩，美目之盼，复加以素粉之饰，将益增容貌之绚丽。……绘事后素：古人绘画，先布五采，再以粉白线条加以勾勒。或说：绘事以粉素为先，后施五采。今不从。礼后乎：子夏因此悟人有忠信之质，必有礼以成之。

【论语译注】子夏问道："'有酒窝的脸笑得美呀，黑白分明的眼流转得媚呀，洁白的底子上画着花卉呀。'这几句诗是什么意思？"孔子道："先有白色底子，然后画花。"子夏道："那么，是不是礼乐的产生在〔仁义〕之后呢？"孔子道："卜商呀，你真是能启发我的人。现在可以同你讨论《诗经》了。"

【论语今注】引用朱熹《论语集注》，并说：绘事后素，意思是说，先有白色的底子，然后才能绘花卉。

对本章的"绘事后素"一句有截然相反的两种看法。《论语集解》《论语义疏》以及《论语新解》都理解为绘事以素为后，先布众色，然后施素；以素喻礼，则是先有忠信，然后以礼约束。《论语集注》《论语译注》《论语今注》则理解为绘事后于素，先以素为质地，后施五采；以素喻忠信，则是学礼必须在具备忠信之质以后。

究竟哪一种对？我想，要正确理解"绘事后素"的意思，首先要正确理解"巧笑倩兮，美目盼兮，素以为绚兮"这三句诗的意思。这三句诗，前两句见于今本《诗经·卫风·硕人》，是写一个女子天生丽质。后一句是佚诗,但肯定与前两句紧密联系。"素以为绚兮"的"绚",诸家解释为"文"或"文采"。那么,"素"指什么呢?《论语义疏》说:"此上三句是明美人先有其质,后须其礼以自约束。"显然,"素"不能解释为"礼",《诗经·国风》的描写都是很朴素的,一些道德的说教都是后人加的。《论语新解》把"素"解释为"素粉",这也有问题。《文心雕龙·情采》:"夫铅黛所以饰容,而盼倩生于淑姿。文采所以饰言,而辩丽本于情性。""素粉"本身是一种文饰用品,不能说"以素粉为绚(文采)"。"素"只能指上两句所说的"巧笑"和"美目",即女子的"淑姿";"素以为绚兮"是说以女子的"巧笑"和"美目"为质地再加以文饰。"素"肯定在"绚"之前。下一句"绘事后素"是由这三句诗引申为绘画,"绘事后素"只能是绘事后于素。"礼后乎?"是问"礼后于忠信乎?"如此方能全文贯通。

清全祖望《经史问答》卷六对此解释得很清楚。兹引于下:

问:《礼器》"君子曰:甘受和,白受采"是一说,《考工》"绘画之事后素功"又是一说。古注于《论语》"绘事后素"引《考工》,不引《礼器》。其解《考工》亦引《论语》。至杨文靖公解《论语》始引《礼器》,而朱子合而引之,即以《考工》之说为《礼器》之说,近人多非之。未知作何折衷?

曰:《论语》之说,正与《礼器》相合。盖《论语》之素,乃素地,非素功也。谓有其质而后可文也。何以知之?即孔子借以解诗而知之。夫巧笑美目,是素地也。有此而后可加粉黛簪珥衣裳之饰,是犹之绘事也,所谓绚也。故曰绘事后于素也。而因之以悟礼则忠信其素地也,节文度数之饰是犹之绘事也,所谓绚也。岂不了了?若《考工》所云,则素功,非素地也。谓绘事五采,而素功乃其中之一,盖施粉之采也。粉易于污,故必俟诸采既施而加之,是之谓后。然则与《论语》绝不相蒙。夫巧笑美目岂亦粉黛诸饰中之一乎?抑亦巧笑美目出于人工乎?且巧笑美目反出于粉黛诸饰之后乎?此其说必不可通者也。而欲参其说于礼,则忠信亦节文中之一乎?忠信亦出于人为乎?且忠信反出节文之后乎?五尺童子哑然笑矣。龟山知其非也,故别引《礼器》以释之,此乃真注疏也。朱子既是龟山之说,而仍兼引《考工》之文,则误矣。然朱子误解《考工》,却不误解《论语》,芟此一句,便可释然。若如古注,则误解《论语》矣。

《经史问答》所说的《礼器》原文如下:

> 《礼记·礼器》:"君子曰:甘受和,白受采。忠信之人,可以学礼。苟无忠信之人,则礼不虚道。"疏:"记者举此二物,喻忠信之人可得学礼。甘为众味之本,不偏主一味,故得受五味之和。白是五色之本,不偏主一色,故得受五色之采。以其质素,故能匀受众味及众采也。"

可见,"素"是白色的质地,而不是布上五采之后用以勾勒的白线。

上面对 3.8("绘事后素")的讨论,说明要正确理解《论语》,有时仅靠分析某个句子的词义和结构还不够,还要根据整章的内容来确定这个句子的意义。这是我们阅读《论语》时必须注意的。

参 考 文 献

（一）历代《论语》注释

何　晏等《论语集解》《四部要籍注疏丛刊》，北京：中华书局，1998

皇　侃《论语义疏》《四部要籍注疏丛刊》，北京：中华书局，1998

韩　愈、李　翱《论语笔解》　　　　　北京：中华书局，1991

邢　昺《论语注疏》《四部要籍注疏丛刊》，北京：中华书局，1998

朱　熹《四书章句集注》　　　　　　北京：中华书局，1983

王若虚《论语辨惑》

　　　　《无求备斋论语集成》，台北：台北艺文印书馆，1966

陈天祥《四书辨疑》　　　《清经解》，南京：南京凤凰出版社，2005

王夫之《四书稗疏》　　　《船山遗书》，北京：北京出版社，1999

王夫之《四书笺解》　　　《船山遗书》，北京：北京出版社，1999

翟　灏《四书考异》　　　《清经解》，南京：南京凤凰出版社，2005

武　亿《经读考异》　　　《清经解》，南京：南京凤凰出版社，2005

毛奇龄《四书改错》　　　《清经解》，南京：南京凤凰出版社，2005

毛奇龄《论语稽求篇》　　　　　　　北京：中华书局，1991

钱　坫《论语后录》

　　　　《无求备斋论语集成》，台北：台北艺文印书馆，1966

焦　循《论语补疏》　　　《清经解》，南京：南京凤凰出版社，2005

阮　元《论语校勘记》

　　　　　《无求备斋论语集成》，台北：台北艺文印书馆，1966

刘宝楠《论语正义》　　　　　　　　北京：中华书局，1990

黄式三《论语后案》　　　　　　南京：南京凤凰出版社，2005

程树德《论语集释》《新编诸子集成》第一辑，北京：中华书局，1990

杨树达《论语疏证》　　　　　　　北京：科学出版社，1955

钱　穆《论语新解》　　北京：生活·读书·新知三联书店，2002

赵纪彬《论语新探》　　　　　　　北京：人民出版社，1976

杨伯峻《论语译注》　　　　　　　　北京：中华书局，1980

潘重规《论语今注》　　　　　　　　台北：里仁书局，2000

黄怀信主编《论语汇校集释》　　　上海：上海古籍出版社，2008

孙钦善《论语本解》（修订版）

　　　　　　　　北京：生活·读书·新知三联书店，2013

杨逢彬《论语新注新译》　　　　北京：北京大学出版社，2016

（二）古代语言学著作

《尔雅注疏》　　　　　　　　　　上海：上海古籍出版社，1990

许　慎《说文解字》　　　　　　　　北京：中华书局，1991

陆德明《经典释文》（黄焯汇校）　　北京：中华书局，2006

陈彭年等《广韵》　　　　　　　上海：上海中华书局，1996

段玉裁《说文解字注》　　　　　　上海：上海古籍出版社，1981

朱骏声《说文通训定声》　　　　　　北京：中华书局，1984

王念孙《广雅疏证》　　　　　　南京：江苏古籍出版社，2006

王念孙《读书杂志》　　　　　　南京：江苏古籍出版社，2006

王引之《经义述闻》　　　　　　　南京：江苏古籍出版社,2006
王引之《经传释词》　　　　　　　南京：江苏古籍出版社,2006

（三）古代文史著作

《十三经注疏》(附校勘记)　　　　北京：中华书局,1980
《诸子集成》　　　　　　　　　　上海：上海书店,1986
《国语》　　　　　　　　　　上海：上海古籍出版社,1998
《战国策》　　　　　　　　　上海：上海古籍出版社,1998
《大戴礼记》(王聘珍解诂)　　　　北京：中华书局,1983
《史记》　　　　　　　　　　　　北京：中华书局,1997
《汉书》　　　　　　　　　　　　北京：中华书局,1997
《后汉书》　　　　　　　　　　　北京：中华书局,1997
《隋书》　　　　　　　　　　　　北京：中华书局,1997
刘　向《说苑》　　　　　　　　　北京：中华书局,1985
柳宗元《柳宗元集》　　　　　　　北京：中华书局,1979
李匡乂《资暇录》　　　　　　　　北京：中华书局,1985
程　颢、程　颐《二程语录》　　　北京：中华书局,1985
朱　熹《朱子语类》　　　　　　　北京：中华书局,1986
吕本中《紫薇杂说》　　　　　　　北京：中华书局,1985
王　楙《野客丛书》　　　　　　上海：上海古籍出版社,1991
孙　奕《示儿编》　　　　　　　　北京：中华书局,2014
项安世《项氏家说》　　　　　　　北京：中华书局,1985
史绳祖《学斋佔毕》　　　　　　　北京：中华书局,1985
朱彝尊《经义考》　　　　　　　　北京：中华书局,1998

臧　琳《经义杂记》　　　《清经解》,南京：南京凤凰出版社,2005

姚际恒《诗经通论》　　　　　　　北京：中华书局,1958

全祖望《经史问答》　　　《清经解》,南京：南京凤凰出版社,2005

赵　翼《陔余丛考》　　　　　　　北京：中华书局,1963

钱大昕《潜研堂文集》

　　　　　　　《嘉定钱大昕全集》,南京：南京凤凰出版社,2016

钱大昕《廿二史考异》

　　　　　　　《嘉定钱大昕全集》,南京：南京凤凰出版社,2016

李赓芸《炳烛编》　　　　　　　　北京：中华书局,1985

俞　樾《群经平议》　《俞樾全集》,杭州：浙江古籍出版社,2017

俞　樾《曲园杂纂》　《俞樾全集》,杭州：浙江古籍出版社,2017

引用书目表

作　者		书　名	简　称
魏	何晏等	《论语集解》	《论语集解》
梁	皇　侃	《论语义疏》	《论语义疏》
唐	陆德明	《经典释文》	《经典释文》
	韩愈、李翱	《论语笔解》	《论语笔解》
宋	邢　昺	《论语注疏》	《论语注疏》
	朱　熹	《论语集注》	《论语集注》
金	王若虚	《论语辨惑》	《论语辨惑》
元	陈天祥	《四书辨疑》	《四书辨疑》
清	王夫之	《四书稗疏》	《四书稗疏》
	王夫之	《四书笺解》	《四书笺解》
	翟　灏	《四书考异》	《四书考异》
	武　亿	《经读考异》	《经读考异》
	毛奇龄	《四书改错》	《四书改错》
	毛奇龄	《论语稽求篇》	《论语稽求篇》
	钱　坫	《论语后录》	《论语后录》
	焦　循	《论语补疏》	《论语补疏》
	阮　元	《论语注疏校勘记》	《论语校勘记》
	刘宝楠	《论语正义》	《论语正义》

黄式三	《论语后案》	《论语后案》
近代现代		
程树德	《论语集释》	《论语集释》
杨树达	《论语疏证》	《论语疏证》
钱　穆	《论语新解》	《论语新解》
杨伯峻	《论语译注》	《论语译注》
潘重规	《论语今注》	《论语今注》
黄怀信主编	《论语汇校集释》	《汇校集释》

全书《论语》条目索引

本书中重点讨论的《论语》条目前加＊，一般引用的条目不加。

条　　目		页　码
1.2	有子曰："其为人也孝弟，而好犯上者，鲜矣；不好犯上，而好作乱者，未之有也。君子务本，本立而道生。孝弟也者，其为仁之本与！"	109
1.5	＊子曰："道千乘之国，敬事而信，节用而爱人，使民以时。"	100,104,106,143
1.6	子曰："弟子，入则孝，出则悌，谨而信，泛爱众，而亲仁。行有余力，则以学文。"	109
1.8	＊子曰："君子不重，则不威；学则不固。主忠信。无友不如己者。过，则勿惮改。"	42,165
1.11	子曰："父在，观其志；父没，观其行；三年无改于父之道，可谓孝矣。"	59
1.12	＊有子曰："礼之用，和为贵。先王之道，斯为美；小大由之。有所不行，知和而和，不以礼节之，亦不可行也。"	184
1.14	子曰："君子食无求饱，居无求安，敏于事而慎于言，就有道而正焉，可谓好学也已。"	159
1.15	＊子贡曰："贫而无谄，富而无骄，何如？"子曰："可也；未若贫而乐道，富而好礼者也。"子贡曰："《诗》云：'如切如磋，如琢如磨'，其斯之谓与？"子曰："赐也，始可与言《诗》已矣，告诸往而知来者。"	216

续表

条 目		页 码
1.16	不患人之不己知,患不知人也。	105
2.1	˙子曰:"为政以德,譬如北辰,居其所而众星共之。"	130
2.2	˙子曰:"《诗》三百,一言以蔽之,曰'思无邪'。"	206
2.3	˙子曰:"道之以政,齐之以刑,民免而无耻;道之以德,齐之以礼,有耻且格。"	130
2.4	˙子曰:"吾十有五而志于学,三十而立,四十而不惑,五十而知天命,六十而耳顺,七十而从心所欲,不逾矩。"	154
2.5	孟懿子问孝。子曰:"无违。"	60
2.6	˙孟武伯问孝。子曰:"父母唯其疾之忧。"	57
2.7	˙子游问孝。子曰:"今之孝者,是谓能养。至于犬马,皆能有养;不敬,何以别乎?"	44
2.8	˙子夏问孝。子曰:"色难。有事,弟子服其劳;有酒食,先生馔,曾是以为孝乎?"	16,60
2.9	˙子曰:"吾与回言终日,不违,如愚。退而省其私,亦足以发,回也不愚。"	174
2.15	˙子曰:"学而不思则罔,思而不学则殆。"	161
2.16	˙子曰:"攻乎异端,斯害也已。"	34
2.17	˙子曰:"由!诲女知之乎!知之为知之,不知为不知,是知也。"	163
2.20	˙季康子问:"使民敬、忠以劝,如之何?"子曰:"临之以庄,则敬;孝慈,则忠;举善而教不能,则劝。"	33
2.22	子曰:"人而无信,不知其可也。大车无𫐐,小车无𫐄,其何以行之哉?"	129

条　　　目	页　码
3.1	*孔子谓季氏:"八佾舞于庭,是可忍也,孰不可忍也?"	50,72
3.3	子曰:"人而不仁,如礼何? 人而不仁,如乐何?"	110
3.5	*子曰:"夷狄之有君,不如诸夏之亡也。"	39
3.6	季氏旅于泰山。子谓冉有曰:"女弗能救与?"对曰:"不能。"子曰:"呜呼! 曾谓泰山不如林放乎?"	52,72
3.7	*子曰:"君子无所争,必也射乎! 揖让而升,下而饮。其争也君子。"	30,138
3.8	*子夏问曰:"'巧笑倩兮,美目盼兮,素以为绚兮。'何谓也?"子曰:"绘事后素。"曰:"礼后乎?"子曰:"起予者商也! 始可与言《诗》已矣。"	217
3.9	*子曰:"夏礼,吾能言之,杞不足征也;殷礼,吾能言之,宋不足征也。文献不足故也。足,则吾能征之矣。"	30
3.19	定公问:"君使臣,臣事君,如之何?"孔子对曰:"君使臣以礼,臣事君以忠。"	104,126
3.20	*子曰:"《关雎》,乐而不淫,哀而不伤。"	209
3.22	子曰:"管仲之器小哉!"或曰:"管仲俭乎?"曰:"管氏有三归,官事不摄,焉得俭?""然则管仲知礼乎?"曰:"邦君树塞门,管氏亦树塞门。邦君为两君之好,有反坫,管氏亦有反坫。管氏而知礼,孰不知礼?"	118,121
4.1	子曰:"里仁为美。择不处仁,焉得知?"	118
4.2	仁者安仁,知者利仁。	116
4.4	子曰:"苟志于仁矣,无恶也。"	119
4.5	富与贵,是人之所欲也……贫与贱,是人之所恶也。	105

续表

续表

条　　　目	页　码
5.11　子曰:"吾未见刚者。"或对曰:"申枨。"子曰:"枨也欲,焉得刚?"	118
5.16　子谓子产:"有君子之道四焉:其行己也恭,其事上也敬,其养民也惠,其使民也义。"	52,83,104,143
5.19　*子张问曰:"令尹子文三仕为令尹,无喜色;三已之,无愠色。旧令尹之政,必以告新令尹。何如?"子曰:"忠矣。"曰:"仁矣乎?"曰:"未知,焉得仁?""崔子弑齐君,陈文子有马十乘,弃而违之。至于他邦,则曰:'犹吾大夫崔子也。'违之。之一邦,则又曰:'犹吾大夫崔子也。'违之。何如?"子曰:"清矣。"曰:"仁矣乎?"曰:"未知,焉得仁?"	115
5.21　子曰:"宁武子,邦有道,则知;邦无道,则愚。其知可及也,其愚不可及也。"	146
5.26　*颜渊季路侍。子曰:"盍各言尔志?"子路曰:"愿车马衣轻裘与朋友共敝之而无憾。"颜渊曰:"愿无伐善,无施劳。"子路曰:"愿闻子之志。"子曰:"老者安之,朋友信之,少者怀之。"	20,60,67
5.28　十室之邑,必有忠信如丘者焉,不如丘之好学也。	42,160
6.4　赤之适齐也,乘肥马,衣轻裘。	42
6.6　*子谓仲弓,曰:"犁牛之子骍且角,虽欲勿用,山川其舍诸?"	52
6.8　季康子问:"仲由可使从政也与?"子曰:"由也果,于从政乎何有?"曰:"赐也可使从政也与?"曰:"赐也达,于从政乎何有?"曰:"求也可使从政也与?"曰:"求也艺,于从政乎何有?"	157
6.10　伯牛有疾,子问之,自牖执其手,曰:"亡之,命矣夫!斯人也而有斯疾也! 斯人也而有斯疾也!"	195

	条　　　目	页　码
6.18	˚子曰:"质胜文则野,文胜质则史。文质彬彬,然后君子。"	214
6.20	知之者不如好之者,好之者不如乐之者。	62
6.22	˚樊迟问知。子曰:"务民之义,敬鬼神而远之,可谓知矣。"问仁。曰:"仁者先难而后获,可谓仁矣。"	117,119,200
6.23	知者乐水,仁者乐山。知者动,仁者静。知者乐,仁者寿。	117
6.27	˚子曰:"君子博学于文,约之以礼,亦可以弗畔矣夫!"	65
6.29	˚中庸之为德也,其至矣乎!民鲜久矣。	106,178
6.30	子贡曰:"如有博施于民而能济众,何如?可谓仁乎?"子曰:"何事于仁,必也圣乎!尧舜其犹病诸!夫仁者,己欲立而立人,己欲达而达人。能近取譬,可谓仁之方也已。"	106,107,109,138
7.2	˚子曰:"默而识之,学而不厌,诲人不倦,何有于我哉?"	155
7.3	子曰:"德之不修,学之不讲,闻义不能徙,不善不能改,是吾忧也。"	159
7.7	˚子曰:"自行束脩以上,吾未尝无诲焉。"	170
7.8	˚子曰:"不愤不启,不悱不发。举一隅不以三隅反,则不复也。"	173
7.9	˚子食于有丧者之侧,未尝饱也。	22
7.10	˚子于是日哭,则不歌。	22
7.11	子谓颜渊曰:"用之则行,舍之则藏,惟我与尔有是夫!"子路曰:"子行三军,则谁与?"子曰:"暴虎冯河,死而无悔者,吾不与也。必也临事而惧,好谋而成者也。"	138

条　　　目	页　码
7.14	˚子在齐闻《韶》,三月不知肉味。曰:"不图为乐之至于斯也。"	28
7.15	冉有曰:"夫子为卫君乎?"子贡曰:"诺。吾将问之。"入,曰:"伯夷、叔齐何人也?"曰:"古之贤人也。"曰:"怨乎?"曰:"求仁而得仁,又何怨?"出,曰:"夫子不为也。"	120,136
7.16	子曰:"饭疏食饮水,曲肱而枕之,乐亦在其中矣。不义而富且贵,于我如浮云。"	159
7.17	˚子曰:"加我数年,五十以学《易》,可以无大过矣。"	20
7.19	˚叶公问孔子于子路,子路不对。子曰:"女奚不曰:其为人也,发愤忘食,乐以忘忧,不知老之将至云尔。"	158
7.22	˚子曰:"三人行,必有我师焉:择其善者而从之,其不善者而改之。"	167
7.23	子曰:"天生德于予,桓魋其如予何?"	196
7.29	˚互乡难与言,童子见,门人惑。子曰:"与其进也,不与其退也,唯何甚? 人洁己以进,与其洁也,不保其往也。"	48,191
7.30	子曰:"仁远乎哉? 我欲仁,斯仁至矣。"	119
7.34	子曰:"若圣与仁,则吾岂敢? 抑为之不厌,诲人不倦,则可谓云尔已矣。"公西华曰:"正唯弟子不能学也。"	156
7.35	子疾病,子路请祷。子曰:"有诸?"子路对曰:"有之;《诔》曰:'祷尔于上下神祇。'"子曰:"丘之祷久矣。"	202
8.2	子曰:"……君子笃于亲,则民兴于仁;故旧不遗,则民不偷。"	105,108
8.3	˚曾子有疾,召门弟子曰:"启予足! 启予手!《诗》云'战战兢兢,如临深渊,如履薄冰。'而今而后,吾知免夫! 小子!"	46

续表

条 目		页 码
8.4	鸟之将死,其鸣也哀;人之将死,其言也善。	42,105
8.8	* 子曰:"兴于《诗》,立于礼,成于乐。"	205
8.9	* 子曰:"民可使由之,不可使知之。"	106,140
8.13	子曰:"笃信好学,守死善道。危邦不入,乱邦不居。天下有道则见,无道则隐。邦有道,贫且贱焉,耻也;邦无道,富且贵焉,耻也。"	146
8.16	子曰:"狂而不直,侗而不愿,悾悾而不信,吾不知之矣。"	118
8.21	子曰:"禹,吾无间然矣。菲饮食而致孝乎鬼神,恶衣服而致美乎黻冕,卑宫室而尽力乎沟洫。禹,吾无间然矣。"	202
9.1	* 子罕言利与命与仁。	189
9.5	子畏于匡。曰:"文王既没,文不在兹乎? 天之将丧斯文也,后死者不得与于斯文也;天之未丧斯文也,匡人其如予何?"	196
9.14	* 子欲居九夷。或曰:"陋,如之何?"子曰:"君子居之,何陋之有?"	148
9.16	子曰:"出则事公卿,入则事父兄,丧事不敢不勉,不为酒困,何有于我哉?"	157
9.19	* 子曰:"譬如为山,未成一篑,止,吾止也。譬如平地,虽覆一篑,进,吾往也。"	63
9.21	* 子谓颜渊,曰:"惜乎! 吾见其进也,未见其止也。"	52,54,65
9.27	子曰:"衣敝缊袍,与衣狐貉者立,而不耻者,其由也与? '不忮不求,何用不臧?'"子路终身诵之。子曰:"是道也,何足以臧?"	172

续表

续表

条　　　目	页　码
12.13 ˙子曰:"听讼,吾犹人也。必也使无讼乎!"	138
12.14 子张问政。子曰:"居之无倦,行之以忠。"	124
12.17 季康子问政于孔子。孔子对曰:"政者,正也。子帅以正,孰敢不正?"	123,133
12.19 季康子问政于孔子曰:"如杀无道,以就有道,何如?"孔子对曰:"子为政,焉用杀? 子欲善而民善矣。君子之德风,小人之德草。草上之风,必偃。"	123
12.22 ˙樊迟问仁。子曰:"爱人。"	99
13.1 子路问政。子曰:"先之,劳之。"请益。曰:"无倦。"	62,124
13.2 仲弓为季氏宰,问政。子曰:"先有司,赦小过,举贤才。"曰:"焉知贤才而举之?"子曰:"举尔所知;尔所不知,人其舍诸?"	124
13.3 ˙子路曰:"卫君待子而为政,子将奚先?"子曰:"必也正名乎!"子路曰:"有是哉,子之迂也! 奚其正?"子曰:"野哉,由也! 君子于其所不知,盖阙如也。名不正,则言不顺;言不顺,则事不成;事不成,则礼乐不兴;礼乐不兴,则刑罚不中;刑罚不中,则民无所错手足。故君子名之必可言也,言之必可行也。君子于其言,无所苟而已矣。"	135
13.4 上好礼,则民莫敢不敬;上好义,则民莫敢不服;上好信,则民莫敢不用情。	105
13.5 ˙子曰:"诵《诗》三百,授之以政,不达;使于四方,不能专对;虽多,亦奚以为?"	204
13.9 子适卫,冉有仆。子曰:"庶矣哉!"冉有曰:"既庶矣。又何加焉?"曰:"富之。"曰:"既富矣,又何加焉?"曰:"教之。"	144

续表

条　　目		页　码
13.13	子曰："苟正其身矣，于从政乎何有？不能正其身，如正人何？"	157
13.15	*定公问："一言而可以兴邦，有诸?"孔子对曰："言不可以若是其几也。人之言曰：'为君难，为臣不易。'如知为君之难也，不几乎一言而兴邦乎?"曰："一言而丧邦，有诸?"孔子对曰："言不可以若是其几也。人之言曰：'予无乐乎为君，唯其言而莫予违也。'如其善而莫之违也，不亦善乎？如不善而莫之违也，不几乎一言而丧邦乎?"	126
13.16	叶公问政。子曰："近者说，远者来。"	123
13.17	子夏为莒父宰，问政。子曰："无欲速，无见小利。欲速，则不达；见小利，则大事不成。"	124
13.19	樊迟问仁。子曰："居处恭，执事敬，与人忠。虽之夷狄，不可弃也。"	98
13.21	*子曰："不得中行而与之，必也狂狷乎！狂者进取，狷者有所不为也。"	138,182
13.23	*子曰："君子和而不同，小人同而不和。"	187
13.25	君子易事而难说也。说之不以道，不说也；及其使人也，器之。小人难事而易说也。说之虽不以道，说也；及其使人也，求备焉。	104
14.1	"克、伐、怨、欲不行焉，可以为仁矣?"子曰："可以为难矣，仁则吾不知也。"	118
14.3	子曰："邦有道，危言危行；邦无道，危行言孙。"	146
14.9	或问子产。子曰："惠人也。"	83
14.16	*子路曰："桓公杀公子纠，召忽死之，管仲不死。"曰："未仁乎?"子曰："桓公九合诸侯，不以兵车，管仲之力也。如其仁，如其仁。"	120

续表

条　　目		页　码
14.17	﹡子贡曰:"管仲非仁者与? 桓公杀公子纠,不能死,又相之。"子曰:"管仲相桓公,霸诸侯,一匡天下,民到于今受其赐。微管仲,吾其被发左衽矣。岂若匹夫匹妇之为谅也,自经于沟渎而莫之知也?"	120
14.21	陈成子弑简公。孔子沐浴而朝,告于哀公曰:"陈恒弑其君,请讨之。"公曰:"告夫三子!"孔子曰:"以吾从大夫之后,不敢不告也。君曰'告夫三子'者。"之三子告,不可。孔子曰:"以吾从大夫之后,不敢不告也。"	73
14.22	子路问事君。子曰:"勿欺也,而犯之。"	126
14.24	古之学者为己,今之学者为人。	105
14.25	蘧伯玉使人于孔子。孔子与之坐而问焉,曰:"夫子何为?"对曰:"夫子欲寡其过而未能也。"使者出。子曰:"使乎! 使乎!"	118
14.27	﹡子曰:"君子耻其言而过其行。"	17
14.35	子曰:"莫我知也夫!"子贡曰:"何为其莫知子也?"子曰:"不怨天,不尤人,下学而上达。知我者其天乎!"	196
14.36	﹡公伯寮愬子路于季孙。子服景伯以告,曰:"夫子固有惑志于公伯寮,吾力犹能肆诸市朝。"子曰:"道之将行也与,命也;道之将废也与,命也。公伯寮其如命何!"	196
14.37	﹡子曰:"贤者辟世,其次辟地,其次辟色,其次辟言。"子曰:"作者七人矣。"	25
14.41	子曰:"上好礼,则民易使也。"	104,106,143
14.42	﹡子路问君子。子曰:"修己以敬。"曰:"如斯而已乎?"曰:"修己以安人。"曰:"如斯而已乎?"曰:"修己以安百姓。修己以安百姓,尧舜其犹病诸。"	102,109

续表

条　　目	页　码
16.1　季氏将伐颛臾。冉有、季路见于孔子曰："季氏将有事于颛臾。"孔子曰："求！无乃尔是过与？夫颛臾,昔者先王以为东蒙主,且在邦域之中矣,是社稷之臣也。何以伐为？"冉有曰："夫子欲之,吾二臣者皆不欲也。"孔子曰："求！周任有言曰:'陈力就列,不能者止。'危而不持,颠而不扶,则将焉用彼相矣？且尔言过矣。虎兕出于柙,龟玉毁于椟中,是谁之过与？"冉有曰:"今夫颛臾,固而近于费。今不取,后世必为子孙忧。"孔子曰:"求！君子疾夫舍曰欲之而必为之辞。丘也闻有国有家者,不患寡而患不均,不患贫而患不安。盖均无贫,和无寡,安无倾。夫如是,故远人不服,则修文德以来之。既来之,则安之。今由与求也,相夫子,远人不服,而不能来也;邦分崩离析,而不能守也;而谋动干戈于邦内。吾恐季孙之忧,不在颛臾,而在萧墙之内也。"	72
16.2　孔子曰:"天下有道,则礼乐征伐自天子出;天下无道,则礼乐征伐自诸侯出。自诸侯出,盖十世希不失矣;自大夫出,五世希不失矣;陪臣执国命,三世希不失矣。天下有道,则政不在大夫。天下有道,则庶人不议。"	71
16.3　孔子曰:"禄之去公室五世矣,政逮于大夫四世矣,故夫三桓之子孙微矣。"	71
16.4　孔子曰:"益者三友,损者三友。友直,友谅,友多闻,益矣。友便辟,友善柔,友便佞,损矣。"	166
16.8　孔子曰:"君子有三畏:畏天命,畏大人,畏圣人之言。小人不知天命而不畏也,狎大人,侮圣人之言。"	196
16.9　孔子曰:"生而知之者上也;学而知之者次也;困而学之,又其次也;困而不学,民斯为下矣。"	106
16.12　[*]齐景公有马千驷,死之日,民无德而称焉。伯夷叔齐饿于首阳之下,民到于今称之。其斯之谓与？	19

续表

条　　目		页　码
16.13	˚陈亢问于伯鱼曰："子亦有异闻乎?"对曰："未也。尝独立,鲤趋而过庭。曰:'学《诗》乎?'对曰:'未也。''不学《诗》,无以言。'鲤退而学《诗》。他日,又独立,鲤趋而过庭。曰:'学礼乎?'对曰:'未也。''不学礼,无以立!'鲤退而学礼。闻斯二者。"陈亢退而喜曰:"问一得三:闻《诗》,闻礼,又闻君子之远其子也。"	28,204
17.1	阳货欲见孔子,孔子不见,归孔子豚。孔子时其亡也,而往拜之,遇诸涂。谓孔子曰:"来!予与尔言。"曰:"怀其宝而迷其邦,可谓仁乎?"曰:"不可。——好从事而亟失时,可谓知乎?"曰:"不可。——日月逝矣,岁不我与。"孔子曰:"诺。吾将仕矣。"	72
17.4	˚子之武城,闻弦歌之声。夫子莞尔而笑,曰:"割鸡焉用牛刀?"子游对曰:"昔者偃也闻诸夫子曰:'君子学道则爱人,小人学道则易使也。'"子曰:"二三子!偃之言是也。前言戏之耳。"	104,107,143
17.5	˚公山弗扰以费畔,召,子欲往。子路不说,曰:"末之也已,何必公山氏之之也?"子曰:"夫召我者,而岂徒哉? 如有用我者,吾其为东周乎?"	18,73
17.6	子张问仁于孔子。孔子曰:"能行五者于天下为仁矣。"请问之。曰:"恭、宽、信、敏、惠。恭则不侮,宽则得众,信则人任焉,敏则有功,惠则足以使人。"	18,103
17.7	˚佛肸召,子欲往。子路曰:"昔者由也闻诸夫子曰:'亲于其身为不善者,君子不入也。'佛肸以中牟畔,子之往也,如之何?"子曰:"然。有是言也。不曰坚乎,磨而不磷;不曰白乎,涅而不缁。吾岂匏瓜也哉? 焉能系而不食?"	18,79
17.8	子曰:"由也! 女闻六言六蔽矣乎?"对曰:"未也。""居! 吾语女。好仁不好学,其蔽也愚;好知不好学,其蔽也荡;好信不好学,其蔽也贼;好直不好学,其蔽也绞;好勇不好学,其蔽也乱;好刚不好学,其蔽也狂。"	161

续表

条　　目	页　码
17.9	*子曰:"小子何莫学夫《诗》?《诗》可以兴,可以观,可以群,可以怨。迩之事父,远之事君。多识于鸟兽草木之名。"	203
17.10	子谓伯鱼曰:"女为《周南》《召南》矣乎?人而不为《周南》《召南》,其犹正墙面而立也与?"	204
17.18	子曰:"恶紫之夺朱也,恶郑声之乱雅乐也,恶利口之覆邦家者。"	211
18.1	微子去之,箕子为之奴,比干谏而死。孔子曰:"殷有三仁焉。"	120
18.7	*子路从而后,遇丈人,以杖荷蓧。子路问曰:"子见夫子乎?"丈人曰:"四体不勤,五谷不分,孰为夫子?"植其杖而芸。子路拱而立。止子路宿,杀鸡为黍而食之,见其二子焉。明日,子路行,以告。子曰:"隐者也。"使子路反见之。至,则行矣。子路曰:"不仕无义。长幼之节,不可废也;君臣之义,如之何其废之?欲洁其身,而乱大伦。君子之仕也,行其义也。道之不行,已知之矣。"	145
19.3	子夏之门人问交于子张。子张曰:"子夏云何?"对曰:"子夏曰:'可者与之,其不可者拒之。'"子张曰:"异乎吾所闻:君子尊贤而容众,嘉善而矜不能。我之大贤与,于人何所不容?我之不贤与,人将拒我,如之何其拒人也?"	166
19.10	子夏曰:"君子信而后劳其民;未信,则以为厉己也。信而后谏;未信,则以为谤己也。"	106,118,144
19.17	曾子曰:"吾闻诸夫子:人未有自致者也,必也亲丧乎!"	138
19.19	上失其道,民散久矣。	106
19.21	君子之过也,如日月之食焉。	43

续表

《论语研读》修订后记

　　《论语研读》2018 年出版后，至今已两年多了。中西书局说希望作一修订，正好我在前一段时间里读了潘重规《论语今注》（台北里仁书局，2000），在修订时就把此书的有关内容加在里面，这样，对《论语》的各个重要注本的面貌可以反映得更全面。对 2018 年版的有些内容也作了增补和修改，希望能说得更准确、更到位。修改处如有不当，请专家和读者指出。

蒋绍愚

2021 年 3 月